点と点が線になる

日本史集中講義

井沢元彦

文庫版に際してのまえがき

この本の目的は、これまでの学校で習った歴史というものが、いかに一面的で実像をとらえていないかを知ってもらうことにより、日本史の真実そして面白さを感じてもらおうというものです。詳しくは本編のまえがきにある通り、何も変わってはいません。

ただ、この本が単行本として刊行されて以後、高校教科書の記述面で若干「進歩」と考えてよいかなとも思える「改訂」がありました。もちろん、かえって悪くなったかと思われる部分もあるのですが、この文庫版においてはその「改訂」部分を踏まえて、少し加筆訂正しました。そこのところは単行本と変わっているので、お断わりしておきます。

また、この本を読んでさらに詳しく日本史を勉強しなおしたいという方は、拙著『逆説の日本史』シリーズ（小学館刊・07年6月現在で第14巻まで刊行）をお読みください。本書で紙数の関係等で割愛した部分をおおよそ取り上げています。また、むしろ世界の思想・宗教等を詳しく知りたいと思われる方は、拙著『ユダヤ・キリスト・イスラム集中講座』（徳間書店）など、一連の『集中講座シリーズ』を読んでいただければ幸いです。少なくとも、これまでまったく気が付かなかった世界が目の前に広がることはお約束できます。ただし、それが本当に個人の幸福につながるかは、また別の問題なのですが——。

平成十九年五月記す

井《い》沢《ざわ》元《もと》彦《ひこ》

まえがき

「学校で歴史を習ったけど面白くなかった」
「歴史なんて学んで何の役に立つの」

こういう不満や疑問を抱いたことはありませんか？　私の周辺でも実に多くの人々が同じことを言っています。

実はこの不満と疑問は一つのものです。まず後者の疑問に答えましょうか。

歴史は役に立ちます。なぜなら、それはわれわれ人類の、あるいは日本民族の、先祖や先輩たちの貴重な成功と失敗の経験集であり、まさに人生を生きていくための貴重なデータベースと言えるものだからです。

では、それなのになぜ「役に立つのか？」と疑問を抱くのでしょうか。それは「役に立つ」ような形できちんと教えていないからなのですね。だからこそ「面白くない」となるわけで、この不満と疑問は、同じところから発しているのです。

つまり、今の学校の歴史の「教え方」はダメなのです。これは皆さん経験がおありだと思いますが、本当に「教え方」の上手な先生に巡り会えば、その教科が好きにもなるし、得意にもなります。もちろん学校の「歴史（特に日本史）」でも、そういう幸運な経験をした人もいるかもしれません。しかし、この点に関していえば、今の日本の学校教育における歴史の先生は、ちょっと気の毒でもあります。というのは、いくら先生が一生懸命頑張っても、今のようなシステムの中では、生徒に歴史に興味を抱かせるのは至難《しなん》の業《わざ》といえるからです。

それにはいくつも理由がありますが、最大の問題は、歴史というものは一つの「流れ」なのに、今のプロの歴史学者の多くがそれを理解せず、「線」ではなく「点」で歴史をとらえようとしていることです。

たとえば、いま多くの人が「歴史とは暗記科目」で「年号や事項を覚えればいい」と思い込んでいるのが、その証拠です。

確かに「鎌倉幕府の三大機構、それは侍所《さむらいどころ》、政所《まんどころ》、問注所《もんちゅうじょ》」などと、いくら暗記しても、これは「ムダな知識」に終わるのではないかと思うのは当然です。私は歴史教育とはそんなことを暗記させることではない、と考えています。

では、どうすればいいのか？　そのために本書を書きました。

ところどころに現行の教科書からの引用がありますが、これは今の教科書システムの背後にある、日本史教育をダメにしているもの、を批判するためです。教科書批判というよりも、歴史教育法批判のためだとご理解下さい。

また「教科書批判」というと、すぐに思想的なことを問題にする人々がいますが、本書はそういう問題を論じる以前のこと、いかに歴史というものを理解しやすくするかに、あくまで重点を置いています。

これで皆さんに歴史の本当の面白さをわかっていただければ、著者としては大変うれしく思います。

平成十六年六月吉日

目次

4章 〈近代〉世界の中に取り込まれた日本

序章　なぜ教科書では歴史がわからないのか

●「実証的」な歴史研究の落とし穴

皆さんが歴史というものを、特に日本史というものを最初に学んだのは「教科書」だと思います。私も教科書で学びました。

一般的に日本人というのは、お上《かみ》というものに対する信頼が非常に強く、そのため教科書についても、「お上が作ったものなのだから、そこに書いてあることは真実なのだ」と考えている人が大勢います。しかし言うまでもないことですが、お役所のやることだからといって正しいとは限りません。

そして、それが日本史ということになると、さらにさまざまな、他の分野にはない問題点を持つことになります。

まず第一に、現在の日本史の研究方法の問題があります。

日本は明治維新の際に、さまざまな学問のそれまでの研究方法を一新し、西洋から新たな方法論を学び取りました。東京帝国大学（現・東京大学）がその最初の推進母体になったのですが、そこで指導に当たったのが、いわゆる「お雇い外国人」と呼ばれる人たちでした。そのお雇い外国人たちが現在の日本の学問の基礎を築いたのです。

日本の学界、これは歴史学界に限らず、あらゆる学界の始祖と呼ばれる学者のほとんどは、このお雇い外国人の弟子です。

たとえば、現在の日本の医学の基礎は、ドイツ人フォン・シーボルトや、オランダ人ポンペらが日本に来て教えた弟子たちが築いたものです。大学の医学部を作ったのもそうした弟子の人たちです。

歴史学のような学問になると、成立はもう少し遅れます。東京帝国大学ができた段階で、外国から招聘《しょうへい》された人たちがその基礎を築きました。その代表的な学者が、ドイツ人のルートビッヒ・リースという人です（一八八七年来日、一九〇二年帰国）。ルートビッヒ・リースという名前は現在は忘れられていますが、彼は日本の歴史学の基礎を作った人と言ってよいと思います。

リースの持ってきた歴史学の研究方法というのは、当時のドイツあるいはヨーロッパ全土で主流となっていた、ランケという人の歴史哲学を基にした実証的な研究方法でした。実証的というのは、簡単に言えば「証拠がなければ信じない」ということです。そして、その証拠というのは何かというと、「史料」です。

つまり、物事は古い史料によってこそ解明されるということです。そのため、その史料が本物であるか偽物であるか、あるいは正確な史料であるか不正確な史料であるか、ということが重要な問題となります。これを学問の世界で「史料批判《テキスト・クリティック》」と言いますが、まず厳密な史料批判をした上で、確かな史料をもとに歴史を構築していくのがランケ史学であり、その後継者であるリースが日本の学者に叩き込んだ基礎の部分なのです。

確かに実証主義というのは、歴史に限らずあらゆる物事を研究するのに有効な方法です。

しかし、落とし穴もあります。

というのは、物事についての歴史的史料が全て均等なかたちで残っているとは限らないからです。古い時代になればなるほど史料は少なくなります。また、新しい時代であっても、戦争などの混乱期には史料が減ることもあります。さらにその史料の中には、今で言う「情報操作」をするために作られたものもあります。

そうした玉石混淆《ぎょくせきこんこう》の史料の中で、史料批判を行ない真偽を見抜いていくということが、基本的な実証史学、つまり現在の日本の歴史学界で行なわれている歴史学の研究方法なのです。

しかし、この方法ではどうしても、わからないことはわからないままで終わってしまいます。

たとえばAという事実があり、その数年後にCという事実があった場合。通常はその間にBという事実があったのだろうと、推理推論によって間を埋めます。しかし、実証史学はそれを限りなく排除するという性質があるのです。

そしてこれが「史料絶対主義」という、私が日本の歴史学のひとつの大きな欠点だと思っているものの原因になっているのです。

●実証主義で『吾妻鏡《あずまかがみ》』を読んだらどうなるか

もう一つ重大なのは、日本の歴史学の基礎を作った人が外国人であるため、日本だけが持つ歴史の特殊性というものに目が向いていないということです。

確かに学問の研究方法は、世界共通の普遍性を持つものであることは間違いありません。

しかしその一方で、世界にはいろいろな人種・民族があり、その民族独自の問題というものがあることも事実です。

これは今回のテーマからは少し外れるのでごく簡単に述べますが、日本には「言霊《ことだま》」という考え方があります。これは日本独自の考え方ではなく、かつては世界中の特に未開の地域にあった信仰です。

「言霊」とは、言葉は霊力を持っているのでみだりに使うべきではない、という考え方です。みだりに使うべきではないというのは、たとえば縁起の悪い言葉は口にしてはならないし、書いてもいけないということです。

こうした考えが表われている典型的なものに、鎌倉幕府の史書である『吾妻鏡《あずまかがみ》』があります。この『吾妻鏡』の中には、しばしば「将軍家ご歓楽《かんらく》によりて」という理由で、「本日の式日《しきじつ》」、つまり儀式が中止になったという記述が出てきます。「ご歓楽」というのは、現在も歓楽街という使い方をしますが、基本的にはレジャーという意味です。

でもこれを、将軍がレジャーをするために儀式を休んだと解釈するのは、大きな間違いです。実はここでは「歓楽」という言葉を病気という意味に使っているのです。

ここで問題なのは、鎌倉時代においても「歓楽」の意味は基本的にレジャーだということです。にもかかわらず、病気と言えばよさそうなものなのに、わざわざ歓楽という言葉を使っている。それはなぜなのか。

そこには「病気」と書くのは縁起が悪いという発想があるからです。

つまり、ここから引き出される重大な原理は、日本人はそれが仮に真実であっても、言霊に対する恐れがあるため、本当のことを書かない場合があるということです。

ところが、キリスト教世界などがそうですが、いわゆる西洋にはあまり言霊という考え方がありません。その西洋社会で確立した歴史の方法論に基づき、史料というものは全て、少なくとも当事者は正しいことを書いているという姿勢で臨んだらどういうことになるでしょうか。下手をすると、鎌倉時代の将軍はよく儀式をサボってレジャーをしていた、などという結論になりかねません。

そういうことに関する問題意識が、日本の歴史研究には著《いちじる》しく欠けています。結局これは「宗教」ということに対する理解の問題です。

世界史を学ぶ場合、ギリシャ時代はともかく、ローマ以降はキリスト教の影響を抜きにしては歴史というものは語れません。

キリスト教についての基本的知識がなければ、たとえば十字軍のような重大な事件も理解できないし、西洋美術にしてもレオナルド・ダビンチの『最後の晩餐《ばんさん》』や、フラ・アンジェリコの『受胎告知《じゅたいこくち》』といった作品の意味もまったく理解できないでしょう。キリスト教の影響は、その後もプロテスタンティズムとして資本主義の成立にまで及んでいます。

歴史を動かすのは人間であり、その人間を動かすのは理屈抜きの情念です。そしてその情念は、「宗教」に起因することが非常に多いのです。ですから、宗教を研究しない限り、人間の行動記録である歴史というものの真相はわからないという真理があるのです。

ところが日本の歴史学者の多くは、この真理を理解していません。

そこには、明治維新という時代が、欧米列強に追いつき追い越せという時代であったために、すぐに役立つ技術、あるいは法律などの研究が中心になり、基礎的な面がおろそかにされたということも影響しています。

明治維新からまだ一四〇年足らず、そのときに宗教や哲学といったものを無視、ないし軽視したツケが、今になって回ってきているのです。

もちろん西洋哲学を熱心に研究した人はいました。西洋史を理解するためには、西洋の宗教、哲学の理解は不可欠です。であれば同じように、日本史を理解する場合にも日本人の宗教、哲学に関する探求は不可欠のはずです。ところが残念ながら今の歴史学界の重鎮といわれる方々は、それをほとんどやっていません。

私は二〇年ほど前から、宗教というものを熱心に研究してきました。それでもまだまだ素人の段階です。しかしその素人の段階である私から見ても、あまりにも宗教的知識、それも基本的な知識に欠けている歴史学者が多すぎます。

そうした宗教的知識のない歴史学者が監修者となって、もっと具体的に言えば、彼らが自分たちの弟子である高校の先生などに記述させたものが、今の日本史の教科書なのです。

そんな日本史の教科書では、残念ながら日本史を理解することはできません。

●専門分野があまりに狭い歴史学者たち

実はもうひとつ、日本の歴史研究をダメにしている重大な理由があります。

それは今の日本史の研究方法というものが、ちょうど縦割り行政のような仕組みになっているということです。

わかりやすく言うと、次のようなことです。

たとえばあなたが十八歳ぐらいの若者で、これから日本史の専門学者になりたいと考えたとしましょう。ではどうするか。普通は文学部歴史学科のある四年制の大学に進学します。すると、今の大学のシステムでは、一、二年は歴史に関することはあまり学びません。その間は、教養課程として世界史を学んだり、ドイツ語を習ったりするわけです。そして大学三年生になって初めて、日本史の専門研究に入るのです。

ところが、その段階で指導教官に言われるのは、将来の専攻を決めなさいということです。しかもその将来の専攻たるや、実に狭い分野に絞らなければなりません。

たとえば戦国時代などと言うと、それでは漠然としすぎていると言われます。織田信長でもまだ漠然としています。織田信長の政治なのか経済なのか文化なのか。文化であればどのあたりの文化なのか。キリスト教文化に対する行動ないし嗜好《しこう》の記録なのか、それとも和風文化に対するものなのか。そうしたことを細かく限定してやりなさいと言われるのです。

なぜこのようなことを言われるのかというと、実は指導教官のほうもそうした研究しかしてきていないため、あまり包括的なもの、たとえば戦国時代全体の美術史などということをやられてしまうと評価しようにもできないという事情があるからです。

そうした教育システムの中でどのような人間ができていくのかというと、結局、日本史のきわめて狭い分野の専門家であり、その分野に関しては誰よりも詳しいが、他の時代のことはまったく知らないという人が育つわけです。

かつて私は、これを「群盲象《ぐんもうぞう》を撫《な》でる」という古いことわざで揶揄《やゆ》したことがあります。

「群盲」というのは、盲人のグループという意味ですが、この言葉が差別的であるということで最近はあまり使われなくなったことわざです。

あるとき数人の盲人のグループが、生まれて初めて象という生き物を見学しました。もちろん彼らは目が見えませんから触ってみるしかありません。

まず最初の人は象の鼻を触り、こう言います。

「象というのは太いホースのようなものである」

二番目の人は、象の耳を触り「象というのはパタパタ動く大きな団扇《うちわ》のようなものである」と言いました。

三番目の人が、今度は象のお腹を触り「象というのはまさに土蔵の壁のようにどっしりしたものである」と言います。

四番目の人は象の足を触り「いや、象というものはどっしりはしているけれど、大地に突き刺した太い柱のようなものである」と言う。

そして最後の人は、象の尻尾を触り「象というのはどっしりなどしていない。ピクピクと動く軽いムチのようなものである」と言いました。

それぞれの人が言ったことは決して間違いではないのですが、象とはそういうものであると言うと間違いになります。

どうしてそういうことになったのかというと、細部しか知らないからです。自分で触れた範囲のことしか知らなければ、象という動物の全体像を正しく把握することはできません。歴史も同じです。自分が学んだ細部だけの知識に頼って日本史がどうであるこうであるというのは、厳密に言えば間違いです。

ところが先ほども触れたように、日本史の専門家というのは、狭い分野の専門家であって、日本史全体、日本通史の専門家というのは、実は驚くことに一人もいないのです。それが現状なのです。だいたい日本通史学という学問すらありません。

そうした歴史の一部分しか知らない人が、同じように歴史の一部分しか知らない人を育て、そしてその人が歴史の教科書を記述しているというのが現状です。

つまり私たちは、「象というのは太い柱のようなものである」、あるいは「象というのは細いムチのようなものである」というような偏《かたよ》った見解しか持たない人間の書いた教科書を使って、歴史を勉強しているのです。

それでは本当の歴史の知識が身につくはずもありません。

では次章から、今の日本の教科書に書かれ、日本史の常識とされてきたことの、どこが良くないのか、実例を挙げて具体的に考えていきたいと思います。

武家政権の時代	1582	信長、武田氏を滅亡させるも本能寺で殺される
	1588	豊臣秀吉、刀狩令発布
	1592	秀吉、朝鮮出兵（～98　文禄・慶長の役）
	1600	関ヶ原の戦い
	1614	キリシタン国外追放 （この後、キリスト教禁止体制の強化）
	1615	大坂夏の陣で豊臣家滅亡、徳川政権の確立
	1651	由井正雪の乱（失業軍人による最後の反乱）
	1687	徳川綱吉、生類憐《あわれ》みの令発布
	1853	ペリーの黒船来航（徳川200年の平和が破綻）
	1854	日米和親条約締結（最初の不平等条約）
	1863	薩英戦争（薩摩藩、イギリス海軍と交戦）
	1864	長州藩、英米仏蘭の4カ国海軍と交戦し、惨敗 （馬関戦争、小攘夷路線の破綻）
立憲君主制の時代	1868	明治維新、五箇条の御誓文発表
	1894	日清戦争 （～95、朝鮮半島の地位をめぐる日本と清の対立）
	1904	日露戦争（～05、非白人の白人に対する初めての勝利）
	1908	小村寿太郎外相、条約改正に成功 （関税自主権を回復）
	1914	第一次世界大戦（～18）
	1937	日中戦争（～45、日本の中国支配を目指した戦争）
	1939	第二次世界大戦（～45）
	1941	太平洋戦争（～45、日本の利権に対するアメリカの干渉を排除することを目的とした戦争）
	1947	日本国憲法施行
	1950	朝鮮戦争（～53、北朝鮮が韓国支配を目指した戦争）

日本史略年表 【作製・井沢元彦】

（本書の内容をわかりやすくするために、簡略化したもの）

政権未統一の時代	約12000年前～	縄文時代
	約2400年前～	弥生時代（～紀元後3世紀）この頃より弥生人（侵入者）の縄文人（先住民）への圧迫始まる?
	西暦57年	後漢・光武帝、日本の奴国《なのくに》の使者に金印を与える
	248	邪馬台国の女王・卑弥呼《ひみこ》死す
朝廷政権の時代	350年頃	この頃、大和朝廷の成立?
	538	仏教伝来
	604	聖徳太子、十七条憲法制定
	672	壬申の乱
	701	大宝律令の制定
	743	墾田永年私財法の制定
	752	大仏開眼供養
	940	平将門の乱（武士による第1回独立戦争）
	966	藤原道長生まれる
武家政権の時代	1185	源頼朝、諸国に守護・地頭を置く（武士の第2回独立戦争、武士政権の実質的成立）
	1221	承久の乱
	1274	第1回元寇（文永の役）
	1281	第2回元寇（弘安の役）、鎌倉武士団、元軍を撃退
	1333	建武の新政（～36で崩壊）
	1336	朝廷が南北朝に分裂
	1392	足利義満により南北朝統一
	1467	応仁の乱起こる（戦国時代の始まり）
	1569	織田信長、関所を撤廃

1章 〈古代〉憲法十七条と日本人

《テーマ1》「帰化人《きかじん》」が「渡来人《とらいじん》」になったわけ

●「帰化人」と「渡来人」はどう違うか

日本の歴史教科書は、縄文時代、弥生時代の記述から始まります。この縄文、弥生ということに関しても、実はかなり問題があると私は思っていますが、本書では、古代史の「日本と朝鮮半島」という問題から始めたいと思います。

日本という国が、かつてアジアにおいては開発途上国であり、先進文明を持つ中国、そして中国と陸続きでその影響を強く受けた朝鮮半島から、多大な影響を受けたということは否定できない事実です。

しかしながら、昨今の教科書というのは、日本がかつて朝鮮半島を植民地支配したことに対する贖罪《しょくざい》意識からか（本来古代史にそのようなものを持ち込むのはおかしいのですが）、朝鮮半島の影響を必要以上に強調したり、逆に日本文化の独自性を矮小化《わいしょうか》するような記述が見られます。

現行の教科書には、どれを読んでも日本は一方的に大陸の文化を受容しただけで、こちらからの働きかけはほとんど皆無であったかのように書かれています。

これは実は、今の韓国の歴史教科書と呼応している部分があるのです。韓国の歴史教科書になるとさらに極端で、日本は全てを朝鮮半島から学んだのであって、特に古代において我々韓国は日本から学んだことは一つもない、というような記述になっています。この極端な韓国の教科書に呼応するかたちで、日本も一方的に朝鮮半島から文化を受容していたように書かれているということが問題なのです。

たとえばそれは「渡来人」という表現にも見られます。渡来人というのは、海の向こうから渡ってきた人という意味ですが、三〇年ほど前まで、この言葉はほとんど使われていませんでした。

では何と言っていたのかというと、「帰化人」という言葉を使っていました。

帰化人というのは、その当時から使われていた古い言葉です。『日本書紀』にも「帰化人」という言葉は使われています。

つまり、朝鮮半島ないし中国大陸から日本に帰化した人たちが、文学や技術といったものを日本に伝えたということなのですが、最近この「帰化人」という言葉が姿を消して「渡来人」と書く教科書が増えているのです。

「帰化人」という言葉の意味は、東京書籍の教科書の欄外の注には正しく書かれていますが、【王の徳化をしたって帰順してきた人】ということです。

つまり帰化という言葉を使う場合、特に古代においては、帰化される側が文明国であり、帰化する側が野蛮国であるというようなイメージがあるわけです。そして『日本書紀』では、そうした意味を持つ「帰化人」という言葉が使われているのです。

ということは、当時の日本は朝鮮半島や中国大陸に対して、自分たちのほうが文明国であると自負していたということです。それは客観的に見れば背伸びした表現かもしれません。しかし、言葉が使われていたのは事実なのですから、まずその言葉を使い、そしてその言葉にはこういう意味があるというかたちで、まさに東京書籍の教科書のように、脚注を付ければよいわけです。

「渡来人」という言葉に書き換えたのは、実は韓国側から「帰化人」というのは差別表現であるから使うべきではない、という抗議があったことが原因です。

近代以前（実は今もそうですが）、民族差別というものはどこにでもあるものでした。

それを肯定するわけではありませんが、その言葉が使われていたことは事実なのですから、歴史上の問題としては、まず事実としてそれを記載するのが正しい姿勢だと思います。

たとえば、もっとずっと後の話になりますが、日本の豊臣秀吉の朝鮮侵略に関して、韓国側は当時も今も「壬辰倭乱《じんしんわらん》」という言葉を使っています。

ここで使われている「倭」という言葉は、醜く小さい人々という意味の日本人に対する蔑称であり、なおかつ「乱」というのは、下位の者が上位の者に対して反乱を起こすという意味ですから、韓国側が戦争の被害者として気の毒な立場であるにしても、非常に傲慢な表現ということができます。

しかし私は、この言葉自体を差別だから使うなと言うつもりはありません。

それは、当時そのように呼ばれたことは事実だからです。

歴史の教育としては、当時の人々はそれを「壬辰倭乱」と呼び、その倭乱という言葉が使われた背景にはこのようなことがあったのだ、ということを書くべきです。それは欄外の注として一行ぐらい書けば済むことですから、できるはずです。

そうした意味において、渡来人という言葉のみを使い、帰化人という言葉を記述しないというのは、まさに歴史としては偏向しているとしか言いようがありません。

これでは歴史の本当の姿を見ることはできないでしょう。「帰化人」という言葉は、かつての日本が、技術文化的には大陸、朝鮮半島には劣っていながら、自分たちは文明国であるという意識を持っていたということを証明する貴重な史料なのですから。

●奈良の大仏に見る世界に類のない技術力

しかし文化の問題に関しては、朝鮮半島からの一方的な流入ではなく、双方向的な交流があったのではないかと思われる根拠がいくつかあります。

その第一は、朝鮮半島南部に日本式の古墳が見られることです。

これも韓国の学界では、日本式古墳は実は朝鮮半島がオリジナルであり、それが日本に伝わったのだという言い方をしています。しかし、日本が朝鮮半島に何回か進出していたことは、有名な「広開土王《こうかいどおう》(好太王《こうたいおう》)碑《ひ》」の記述でも明らかです。ですから、朝鮮半島の文化の中に、日本発祥のものが輸入されていても不思議ではありません。この点に関しては、今後の研究を待ちたいと思います。

海を渡った日本軍

中国吉林《きつりん》省集安《しゆうあん》県に現存する「広開土王碑《こうかいどおうひ》」（左）と、その碑文の拓本。碑文からは４世紀末期に、日本軍が朝鮮半島に渡り、高句麗《こうくり》と交戦したことが知られる。

さらにもう一つ指摘しておきたいのは、少し時代は下りますが、奈良時代に建立《こんりゅう》された東大寺の大仏のことです。東大寺の大仏というのは、当時のアジア、いや世界の中でも最高の技術水準の精華であって他に類を見ません。

現在の大仏の高さは一五メートル弱ですが、創建当初のものは五丈三尺といいますから、今のものよりさらに大きく、約一六メートルあったということになります。

ただ大きいだけであれば、奈良の大仏より大きな仏像は世界中にいくつもあります。たとえば、イスラムゲリラの攻撃で破壊されたバーミアン石窟《せっくつ》の大仏、中国では雲崗《うんこう》石窟の仏像、また韓国の旧新羅《しらぎ》の慶州《キョンジュ》近郊にも石窟庵という有名な寺院があり、そこには世界で最も美しい仏像の一つと言われているものがあります。

ただし、これらは全て石仏です。石というきわめて安定した状態の物体を少しずつ削り取っていくのと、鋳物《いもの》、つまりドロドロに溶かした高温の液状金属を鋳型に溶かし込んで成型していく技術とでは、まったく違います。レベルの差で言えば月とスッポンぐらいの違いがあります。

そうした技術は、当時の最先進国であるはずの中国でも、あるいは朝鮮半島でも使っていないということを、我々はもっと注目するべきです。

要するにこれは、当時の日本が、少なくともこの分野においては、大陸や朝鮮半島に追いつき追い越していたということを示しているのです。

事実、このの中国の歴代王朝でも、このような金銅仏はついに作られることはありませんでした。これは、日本人の技術水準がいかに高かったか、また日本人がいかに器用な存在であったかを示すものでもあります。

今後は研究が進むにつれて、特に朝鮮半島と日本の双方向的な文化交流、その中にはおそらく軍事交流もあったと思いますが、そうしたものがもっとクローズアップされるようになっていくと思います。

今の教科書の記述は、残念ながら朝鮮半島にある意味遠慮しすぎていて、朝鮮半島からの影響ばかりを過大に取り上げ、日本からのフィードバックというものを、あるいは「輸出」というものを意識していないという点が大きな欠点と言えます。

●「任那《みまな》日本府」の謎

さらに、「任那日本府」という問題もあります。

私が子供のころの教科書には、「任那日本府」という記述がありました。

「任那」というのは、日本の天皇家が朝鮮半島に飛び地として持っていた領土のあった場所の名称です。つまり、日本が朝鮮半島最南端に領土を持っており、そこに日本のいわば植民地支配の総督府のようなものがあったという記述です。

これが最近は、韓国側の強い反発を受けたせいか、教科書から姿を消したり、その記述があいまいになったりしています。

しかしこれもおかしな話です。

たとえば、広開土王碑に日本軍が攻めてきたという記述があるのと同じく、『日本書紀』にもそうした事実が記載されています。その記録が本当の意味での真実を伝えていない可能性もあるかもしれませんが、少なくともそういう記述があり、日本がそういうことを考えていたんだということは、記述するのが教科書としての正しい態度だと思います。

このことに関して私が非常に奇妙だと思っているのは、韓国側が日本の天皇家は朝鮮半島から日本に行き、征服した部族だということをよく言っているということです。

つまり天皇家のルーツは朝鮮半島だということなのですが、それならば天皇家の故郷が朝鮮半島のどこかにあるはずです。そういう意味では、任那日本府を否定するのは逆におかしいと思うのです。矛盾しているということになります。

こうしたところも、今の教科書の、特にこれは外国からの干渉を受けた不幸な部分だと言えます。

《テーマ2》　憲法十七条の真実

●誰も知らない本当の憲法十七条

歴史教科書における『憲法十七条』の記述というのは、とても重大な問題を含んでいます。私はこの問題は、日本の教科書の記述における最大の欠陥のひとつであり、序章で述べた日本史の研究方法がいかにおかしいかということを示す、最も明確な証拠だと考えています。

まず教科書において、問題の『憲法十七条』というものがどのように記述されているかを見てみましょう。

【憲法十七条も豪族たちに国家の官僚としての自覚を求めるとともに、仏教を新しい政治理念として重んじるものであった】。これは山川出版社の教科書の記述です。

三省堂の教科書では、【六〇四年に聖徳太子がさだめたとされる憲法十七条には仏教や儒教の考えがとり入れられ、天皇のもとに支配を秩序づけることや、官僚として勤務する心がまえなどが説かれた】とあります。

さらに、東京書籍では、【大王（天皇）を頂点とする国家の秩序を明らかにし、そのもとで豪族が官吏として勤務する心がまえや、仏教の精神を重んじることなどを説いたものである】と書かれています。

もし私が、この三社の教科書の憲法十七条に関する記述を、どれぐらい実態を正しく表わしているかということで採点するとしたら、三社とも残念ながら一〇〇点満点で五〇点も差し上げられません。

なぜなら最も肝心なところが落ちているからです。

そんなバカなことが、と思われるかもしれませんが、序章でも申し上げたように、これがまさに日本史の研究方法、及び教科書の最大の欠陥なのです。

もうひとつここに引用しておきますが、憲法十七条の原文として教科書に記載されたものを見てください。これは驚くべきことにどの教科書もほとんど一致しています。

【一に曰《いわ》く、和《わ》を以て貴《たっと》しとなし、忤《さか》ふること無きを宗《むね》とせよ。……

二に曰く、篤《あつ》く三宝《さんぼう》を敬《うやま》へ。三宝とは仏・法・僧なり。……
三に曰く、詔《みことのり》を承《うけたまわ》りては必ず謹《つつし》め。君をば則《すなわ》ち天《あめ》とす、臣は則ち地《つち》なり……】

（東京書籍）

この原文引用の最大の問題点は、憲法十七条は第一条にしても第二条にしても第三条にしても、これで終わりではないということです。

原文は教科書の注記にもあるとおり、『日本書紀』に載っていますが、第一条にしても第二条にしても第三条にしても、もっとずっと長い文章なのです（巻末358ページ参照）。

つまり、本来ならば「以下略」ないしは「一部抜粋」と明記すべきなのに、それがなされていないのです。そのため、ほとんどの人々が、十七条憲法の条文はどれも短く、たとえば第一条であれば「和を以て貴しとなし、忤ふること無きを宗とせよ」で終わりだと思っています。しかし、本書巻末に引用してある『日本書紀』からの全文をご覧になればわかるように、それはまったくの誤りなのです。

●条文の後半に隠された聖徳太子の真意

それだけでも大きな問題ですが、さらに問題なのはその中身です。

『日本書紀』の原文は非常にわかりにくいので、ここで現代語訳を示しましょう。

以下の現代語訳は、仏教学者の中村元《はじめ》氏が、漢文で書かれている憲法十七条の原文を、聖徳太子の真意に沿うように、できるだけ忠実に現代文に訳したものです。

【第一条　おたがいの心が和《やわ》らいで協力することが貴《とうと》いのであって、むやみに反抗することのないようにせよ。それが根本的態度でなければならぬ。ところが人にはそれぞれ党派心があり、大局を見通している者は少ない。だから主君や父に従わず、あるいは近隣の人びとと争いを起こすようになる。しかしながら、人びとが上も下も和《やわ》らぎ睦《むつ》まじく話し合いができるならば、ことがらはおのずから道理にかない、何ごとも成しとげられないことはない】

（中村元著『聖徳太子』東京書籍刊）

この文章を素直に読む限り、聖徳太子が最も強調していることは、実は「お互いの協調性を保つ」ということです。

「和」というのは、個人単位では成立しないものです。心の平安という言い方もありますが、基本的には「和」というのは、対人関係において相手との協調性を保つという意味です。ですから第一条は「お互いの協調性を保つことが最も大切である」ということが、まず述べられていると解釈できます。

しかし問題なのは、教科書に引用されていない、本来なら「以下略」と書くべき部分にあります。

そこには、「協調性を保たねばならないけれども、人間にはさまざまな欠点があり、争いを起こすようになる、ではどうしたらよいのか」ということが、書かれているのです。

つまり、第一条は三段に分かれていると言えます。

まず冒頭で、「人間にとって最も大切なのは他人との協調を保つことである」としたうえで、次に、「しかしながらその協調性は人間の愚かしさによって乱れることがある」と現実認識を展開しています。そして、最後の部分で、ではどうしたらよいのか、という対策が書かれているのですが、その解決策の部分をもう一度繰り返しましょう。

「人びとが上も下も和らぎ睦まじく話し合いができるならば、ことがらはおのずから道理にかない、何ごとも成しとげられないことはない」

これが聖徳太子の考える解決策です。つまり、わかりやすく言えば、聖徳太子は「ものごとを解決するためには頻繁に話し合いを行なえ」と言っているのです。

さらに、この条文の中できわめて異常なのは、最後の一文です。

ここでは、話し合った内容は「おのずから道理にかない、何ごとも成しとげられないことはない」と断言しています。「道理」というのは物事の正しい筋道という意味ですから、道理にかなうということは、基本的に正しいことである、ということです。つまり、話し合いで決めた内容は必ず正しい、と言っているのです。

でも現実にそんなことがあるでしょうか。話し合いというのは、物事の決め方の一つです。今風に言うなればデシジョンメーキング（意思決定）の問題であって、大勢で話し合って決めたからといってその結論が必ずしも正しいとは限りません。

たとえばあることが問題になり、国会でもよいですし、町内会でもよいのですが、みんなで話し合って決めたとしましょう。そのときは却下された少数の反対意見が、何年かたってみたら、結果的には正しかったなどということは、日常的にもあるし、歴史的にもあることです。

にもかかわらず、聖徳太子は「ことがらはおのずから道理にかなう」と断言しているのです。

そしてさらにおかしいのは「何ごとも成しとげられないことはない」と言っていることです。これは、話し合いで決めたことは必ずうまくいくし、成功するという意味です。

これも理屈で考えれば、あり得ないことです。

決めたことがうまくいくかいかないかは、まさに神のみぞ知ることであって、話し合いで決めたことが何でもうまくいくならば、世の中にこれほど楽なことはありません。それこそ何でも話し合いで決めればよいわけですから。

しかし聖徳太子は「話し合いで決めさえすれば必ずうまくいく」と言っているのです。

これは一種の信仰です。宗教と言ってもよいでしょう。

今述べた『憲法十七条』の解釈については、これまで一度も聞いたことがないという人がほとんどだと思います。実際、こういうことを言っている人は、歴史学者の中には一人もいません。もちろん他の学者の中にもいません。

しかしこの文章を素直に解釈すれば、そういう意味になるのです。

●第一条と第十七条に書かれていること

このように考えていくと、聖徳太子の言いたかったことは何かというと、「和を保つためにものごとは話し合いで決めなさい」ということになります。

もちろんこれは、私の解釈が正しいとした場合です。

ではここで、私の解釈が正しいかどうか検証するために、逆を考えてみましょう。

第一条に関して、私は聖徳太子は次のように言っていると解釈しました。

「ものごとは話し合いで決めさえすれば必ず正しいし、うまくいく」

必ず、ということは、話し合い以外の方法で決めたのでは、正しくもないし、うまくもいかない、ということになります。したがって、もし第一条に関する私の解釈が正しいとすれば、聖徳太子はものごとは話し合い以外の方法で決めるべきではない、と考えていたことになります。そこで、そういう考え方をもって全体を見てみると、第十七条の条文に次のように書かれていることに気づきます。同じく中村元氏の訳です。

「重大なことがらはひとりで決定してはならない。かならず多くの人びととともに論議すべきである」

そして最後は「多くの人びととともに論じ是非を弁《わきま》えてゆくならば、そのことがらが道理にかなうようになるのである」と結んでいます。

ここでは「論議」ないし「是非を弁えてゆく」という言葉が使われていますが、この部分と、第一条で「話し合い」と訳されている部分は、実は原文では同じ「論」という文字が使われています。

この「論」という字は「あげつらう」と読みます。「あげつらう」という言葉は、現在は悪い意味で使われていますが、昔は単純に「ものごとを話し合いで決める」もしくは「話し合う」という意味で用いられています。

したがって、私の第一条に関する解釈は、やはり正しいということになります。

まとめますと、聖徳太子は、人間にとっては「和」、つまり対人関係における協調性を保つことが何よりも大切であると言っているのです。何よりもというのは、第二条における仏教よりも、第三条における天皇の命令よりも重要だということです。重要だからこそ、最初の第一条と最後の第十七条で同じことを二回繰り返したのです。

つまり、聖徳太子は話し合いというものを最も重視する日本人であったということが、ここで明白になるのです。

そこでもう一度、先ほどの教科書の記述をご覧になってください。どの教科書にも話し合いの「は」の字も書かれていません。これはいったいどういうことでしょうか。

教科書の奥付には、執筆者としてさまざまな歴史学者や専門家の名前が並んでいます。しかし実際には、彼らは書いたのではなく、弟子の人たちに書かせて、それを監修したにすぎないのだと思うと前章で述べましたが、こういうところからも、それはおわかりになるでしょう。

そのことを、とやかく言うつもりはありません。ただ、直接執筆したのであれ、監修したのであれ、確かに言えることは、実はこの人たちは憲法十七条がまったくわかっていないということです。

憲法十七条というのは、あたりまえの話ですが、条文は一七しかありません。その一七しかない条文の、第一条と第十七条で同じことを言っているのですから、聖徳太子が最も言いたかったことが、「話し合いでものごとを決めるべきだ」ということであることは明白です。それこそが彼が最も大切だと考えていたことなのです。

ところが教科書の記述では、その最も肝心な部分がカットされているうえ、本文の説明でもそのことにはまったく触れられていないのです。

したがってこれを書いている人は、『憲法十七条』の歴史的意味がわかっていない、つまり日本の歴史がわかっていないということになるのです。

●日本史全体を支配している原理

では聖徳太子は、どうしてこのような考え方にたどり着いたのでしょう。

これは今の教科書からはまったく出てこない視点です。そもそも「話し合い」という部分が教科書では削られているのですから、出てくるはずもありません。

これについて、まず指摘できることは、これは聖徳太子の個人的な考えではないということです。

なぜそう言いきれるのか、ということを述べるために、聖徳太子についての基本的なことに触れておきたいと思います。聖徳太子という名は、彼の死後その遺徳を偲《しの》んで贈られた名前です。彼が生きていたときの呼び名は、あくまでも厩戸皇子《うまやどのおうじ》です。彼は皇子であると同時に皇太子でもありました。皇子はたくさんいますが、皇太子は一人しかいません。

彼は用明《ようめい》天皇の息子ですが、皇太子になったのは彼の父である天皇が亡くなった後です。用明天皇の妹である推古《すいこ》天皇が、女帝として即位した折りに、その甥である聖徳太子が皇太子となり、摂政《せっしょう》として政務を担当したのです。

彼は政治家としてさまざまなことを行ないましたが、特に外交面は、男性である聖徳太子が全てやっていたようです。教科書にも憲法十七条の直前に、隋の煬帝《ようだい》に対して日本が国書を送ったことが書かれています。このとき煬帝に宛てた国書には「日《ひ》出《いず》る処《ところ》の天子《てんし》、日没する処の天子に書をいたす」と記されていました。これは対等意識に基づくものとして有名ですが、この国書の差出人は聖徳太子だと考えられます。

とにかくこの時期、聖徳太子が国王代理としてほとんどの政務を実際に見ていたということは、はっきりしています。ですから、もし彼が摂政という公人の立場を最も重要視していたのなら、強調すべきことは「日本人よ天皇の命令に従え」ということであったはずです。

確かにそのことを記した条文はあります。「詔《みことのり》を承《うけたまわ》りては必ず謹《つつし》め」という第三条です。

「詔」というのは、天皇の命令という意味ですから、それを「承りては必ず謹め」ということは、日本人よ天皇の命令に従いなさいという意味になります。

しかし、これはあくまでも第三条です。

それよりも先の第二条には、「篤《あつ》く三宝《さんぼう》を敬へ」と書かれています。「三宝」というのは、仏・法・僧の三つを意味する言葉です。

「仏」とは仏教の仏《ほとけ》そのものであり、「法」とは、仏の教えのことです。今は仏の教えを「仏教」と言いますが、昔は教えのことを「法《のり》」と言ったので、仏の教えは「仏法《ぶっぽう》」と言ったのです。そして「僧」というのは、その教えを実践する僧侶のことです。ですから三宝を敬いなさいというのは、「仏教という良い宗教があるのだからそれを尊重しなさい」という意味です。

聖徳太子は熱心な仏教信者として有名な人です。当時の仏教はまだ外来宗教という色合いが強く、その外来宗教の篤信家《とくしんか》として彼は有名な存在でした。しかし彼は、仏教を尊重しなさいと言ってはいますが、必ずしもそれに全てをゆだねなさいとは言っていません。そして、ここが肝心なのですが、これを言っているのは第二条だということです。

聖徳太子という人は、公人としては天皇家出身の政治家であり、私人としては、熱心な仏教徒という位置づけになりますが、その公人としての立場よりも、私人としての立場よりも優先して、第一条に掲げたのは、「話し合いをしなさい」ということでした。

ということは、この第一条は、聖徳太子の個人的な考えから出たものではないということになります。聖徳太子が個人的な考えで、日本人よこうしなさい、と言ったのは、第一条ではなく、むしろ第二条、第三条の部分です。

では第一条はどこから来たのでしょうか。

私は、これこそが日本人全体を支配している原理だと考えています。

話し合いを重んじる、話し合いさえすれば、ものごとは全てうまくいく。こうした考えを、「話し合い絶対主義」と名づけたのは山本七平《やまもとしちへい》氏ですが、その話し合い絶対主義こそが日本人の共通原理だということを、初めて文書のかたちで示したのが、この『憲法十七条』なのです。

●神話から何が学べるか

古代史の中に、もうひとつ重要な問題があります。それは、日本史の教科書がほとんど神話というものに触れていないということです。

昭和二十年以前は、逆に神話こそが日本の歴史の中核であるということで、小学校、中学校では真っ先に教えられていました。戦後はその反動もあって、神話というのは大和朝廷がその支配を正当化するためにでっち上げた嘘であるから、それを学ぶ必要はないという、戦前とは正反対の態度がとられるようになりました。

そして日本史の教科書の記述の中から、神話はほとんど消えてしまったのです。最近は若干復活する傾向もないではありませんが、ほとんどの教科書は神話を扱っていません。

実証主義の立場からはなかなか理解されないことですが、私は神話というのはきわめて重要な歴史史料だと思っています。仮に、神話というものが大和朝廷の支配を正当化するために、極端に美化された話だとしましょう。もしそうであったとしても、私は神話から学べることがたくさんあると思います。

それは、神話を研究することによって、当時の人が何を「正当」と考えていたのか、あるいは何を「美しい」と考えていたのかがわかるからです。

正当化され美化されたということは、当時の人たちの考えで正しく美しく変えられているということですから、その中身を検討すれば、昔の人が何を正しいと考え、何を美しいと考えたのかわかるということです。

神話というのは、それ自体が日本民族の文化遺産です。ですから、こういうものがあったのだという最低限の知識を持っておくことも、日本人としては必要なことです。それに加えて、今述べたような、当時の「正当化・美化意識」を探るきわめて貴重な材料になるということです。

そのことを実際の例でご説明しましょう。今、私の手元に『初等科国史』という戦前の教科書があります。戦前は全て国定教科書ですから、全国どこへ行っても同じ教科書を使っていました。

ここにあるのは昭和十八年版の国史の教科書ですが、その第一ページを開くと、冒頭に何が書いてあるでしょうか？

それ以前の教科書では、日本人の子供が小学校に上がって最初に憶《おぼ》えるべき歴史の知識として、「天皇の歴代表」というものが載っていました。天皇の歴代表というのは、「神《じん》武《む》、綏靖《すいぜい》、安寧《あんねい》、懿徳《いとく》、孝昭《こうしょう》、孝安《こうあん》、孝霊《こうれい》……」というように、第一代の神武天皇から当時ですと大正天皇あたりまでの全ての天皇名を順番に記載したものです。そしてこの歴代表を暗記することが、歴史の最初のステップとされていました。

ところが昭和十八年ごろの教科書になると、その歴代表より前に書かれているものがあります。それは次の一文です。

【豊葦原《とよあしはら》の千五百秋《ちいほあき》の瑞穂《みづほ》の國《くに》は、是《こ》れ吾《あ》が子孫《うみのこ》の王《きみ》たるべき地《くに》なり。宜《よろ》しく爾《いまし》皇孫《すめみま》就《い》

きて治《しら》せ。さきくませ。寶祚《あまつひつぎ》の隆《さか》えまさむこと、當《まさ》に天壌《あめつち》と窮《きはま》りなかるべし】

これは「天壌無窮《てんじょうむきゅう》の神勅《しんちょく》」というものです。天皇家の祖先神である天照大神《あまてらすおおみかみ》の言葉であり、その内容は、「この日本国は、わが子孫である天皇家が治めるべき国であって、その真理は永久不変で変わらない。天地がずっと続くよう（天壌無窮）に、変わらない」という自信満々の宣言なのです。

これがなぜ教科書の冒頭に載っていたのかというと、これが、なぜ天皇家が日本を支配するのか、天皇家がなぜ日本の王であるのかという問いへの答えだったからです。

ですから、もし戦前の日本人が、外国人に「あなたの国は天皇という人が国を治めているようですが、その根拠はどこにあるのですか」と訊かれたら、天皇家の祖先神である天照大神がこう言っているからだ、と答えたのです。だからこそ昔の小学生は、これを歴史の一番初めに習わされたのです。

しかし戦後になると、こうしたものは虚偽であるから学ぶ必要はないということで、教科書から抹殺されてしまいました。

しかし私は、少なくとも過去の日本人が、それを正しいと考えていたことは事実なのですから、なぜそれを正しいと考えるに至ったのかということを探求するべきだと思います。それも一つの「歴史」であり、それを研究することが本当の歴史の研究態度ではないでしょうか。単純に虚偽であるから抹殺するというのは、歴史の研究とはいえません。

これは真理の探究という面から見ても、大変なマイナスです。「こんなものは史料ではないからいらない」という実証主義、史料絶対主義の悪影響がここにも出ているのだと思います。

●神話に描かれた「国譲《くにゆず》り」の場面

では昔の人の立場になって考えてみましょう。どうして天照大神は、自信満々にこういうことが言えたのでしょうか。これはどういう歴史のシチュエーションで出てきた話なのでしょうか。

次に示すのは、その部分を記した同じ戦前の国定教科書の記述です。

【大神は、大八洲《おおやしま》（引用者注：日本のこと）を安らかな國になさらうとして、御子孫《ごしそん》をこの國土にお降《くだ》しになることを、お考へになつてゐました。當時《たふじ》大八洲には、多くの神々があり、中でも素戔嗚尊《すさのをのみこと》の御子、大國主神《おほくにぬしのかみ》は、勇氣もあり、なさけも深く、出雲《いづも》地方をなつけて、勢《いきほひ》が最も盛んでありました。そこで大神は、御《おん》使いをおつかはしになつて、君《くん》臣《しん》の分《ぶん》をお示《しめ》しになり、國土の奉還《ほうくわん》をおさとしになりました。大國主神は、つつしんでその仰せに從はれました。大神は、その眞心をおほめになつて、大國主神のために、りつぱな御殿をお造らせになりました。これが出雲大社の起原《きげん》であります。大神は、御孫瓊瓊杵尊《ににぎのみこと》をおそば近くにお召しになつて、

豊葦原の千五百秋の瑞穂の國は、是れ吾が子孫の王たるべき地なり。宜しく爾皇孫就きて治せ。さきくませ。寳祚の隆えまさむこと、當に天壤と窮りなかるべし。

と、おごそかに仰せられました。いよいよ皇孫《すめみま》のお降りになる日がまゐりました。萬世一系《ばんせいいつけい》の天皇をいただき、天地《あめつち》とともにきはみなく榮えるわが國がらは、これによつて、いよいよ明らかとなりました】

ここで語られているのは、神話の「国譲《くにゆず》り」の場面です。

日本の神話を繙《ひもと》くと、これは非常に特徴的なことと言えるのですが、天皇がこの国を支配する以前に日本には別の王がいたということを、神話が認めていることがわかります。

それは出雲の大国主《おおくにぬし》という人（神様と言ってもよいのですが）です。この大国主が、現代風に言えば、先住民族の王として日本を支配していました。ところがそこに、後から日本とは別の所に住んでいた王がやってきて、その土地を譲るように言ったのです。

この別の場所というのが、「高天原《たかまがはら》」というところです。高天原という言葉は「天の国」という意味なのですが、具体的にはそれが朝鮮半島を指すのか、中国大陸を指すのか、あるいは九州の一地方を意味しているのかはわかりません。

とにかく、そこにいた天照が、大国主の支配する日本を欲しがったということが、神話に書かれているのです。

●先住民族と新来民族は、相容れないのが世界史の通例

世界中に先住民族というものはいました。

そして、その先住民族のいたところに、後から他の民族が侵入してくることは、歴史上よくあることです。ゲルマン民族の大移動もそうですし、もっと遡《さかのぼ》ればユダヤ民族が、神から約束された地、イスラエルに移動したのもそうです。

『旧約聖書』の〈ヨシュア記〉には、当時ユダヤ民族のリーダーであったヨシュアが、神

の命令を忠実に実行するために、彼らが神から与えられた「カナンの地（現・イスラエル）」に先住んでいた人々、つまり先住民族を皆殺しにしたということが書かれています。

昔のことですから民族と民族が共存するというのは、なかなか難しいことです。そのため、ある民族がすでに先住民族のいるところに侵入してくると、ゲルマン民族のときのように、先住民族は逃げるか殺されるか、このどちらかしかありませんでした。だから『旧約聖書』には、神の命令によって皆殺しにしたと書いてあるのです。

残酷なようですが、これが世界史の真実というものでしょう。つまり、民族の移動が行なわれたときには、往々にしてそうした大虐殺が起こるということです。

これは近代にも例があります。アメリカという国は、わずか二〇〇年程度の歴史しか持たない若い国家ですが、その短い歴史の中にも光と影があります。

光というのは、人類史上初の人工国家として、初めて民主主義、資本主義を中心とした巨大な帝国となったことでしょう。

一方、影の部分はというと、ひとつは奴隷制です。民主主義国家でありながら、アメリカでは奴隷制がリンカーンのころまで存在していました。

そして、もうひとつの影が、先住民族の圧迫です。

私が子供のころは、アメリカの先住民は「インディアン」と呼ばれていました。なぜインディアン（直訳するとインド人）と呼んだのかというと、コロンブスがこの大陸を発見したとき、そこをインドだと勘違いしたからです。

当時、ポルトガル人は中近東伝いにインドへ行っていました。しかしイタリア人のコロンブスは、地球は丸いのだからそれとは逆方向に進んでもインドに到達できるはずだと考え、スペインのイザベル女王にスポンサーになってもらい、三隻の船団を組んで、ポルトガル人とは逆の方向である西へと出帆しました。そして西へ西へと進んだ結果突き当たったのが、アメリカ大陸だったのです。

ところが、彼らがたどり着いたアメリカ大陸は、当時の世界地図には載っていない新しい大陸でした。そのためヨーロッパの人たちは、この「新大陸」をインドだと思いこみ、そこに住んでいる人間を「インディオ（＝インド人）」と呼んだのです。そして、このインディオが英語のインディアンになったというわけです。

要するに、彼らは南北アメリカ大陸に住んでいた先住民なのです。

そして、後から入っていったアメリカ人の先祖、つまり大陸から逃れてきたイギリス人は、彼ら先住民を虐殺あるいは追放することによって、新しい国を築いていきました。

しかし、それはアメリカにとって、やはり建国史の汚点であり、後ろめたいことです。そのため昔は、インディアンというのは残虐で野蛮な種族だから、白人はそれを駆逐《くちく》したのだという理論が使われていました。そういう理論のもとに作られたのが、かつての西部劇です。

私が子供のころ放映されていた西部劇では、インディアンというのは野蛮で白人をよく襲う残虐な人として描かれていました。だからこそ白人は、対抗上やむを得ずインディアンをやっつけていたとされていたのです。

でもこれはまったくの嘘であり、アメリカの建国神話と言うべきものです。

最近はアメリカもそれを反省し、彼らのことをインディアンと呼ぶのを止め、「ネイティブアメリカン（アメリカ先住民）」と呼ぶようになりました。そしてその文化が本質的に穏やかで、非戦闘的なものであるということを、映画やテレビ、小説などの中で訴えるようになってきています。

つまり、ユダヤの場合もアメリカの場合も、共通しているのは、先住民族というのは圧迫の対象であるということです。

●憲法十七条の原型と「国譲り神話」

だいたい後から民族が侵入してくるというのは、インドのインダス文明に対するアーリア人の侵入も同じですが、豊かな地を求めて、貧しい土地から戦争に長《た》けた民族が侵入してくるというのが、ごく一般的なパターンです。そのため、侵入されたほうは、どうしても殺されるか奴隷にされるか、ということになります。

にもかかわらず日本では、少なくとも神話の上では、そうなっていないのです。

「国譲り」という言葉が示すように、天照はそれまで日本とは縁もゆかりもなかった高天原にいたのに、この日本国を自分の子孫である天皇家に譲りたいと考え、先住民の王である大国主に国を譲るよう要求しているのです。

そして普通なら戦争になるはずのところを、話し合った結果、大国主が国を譲ることを納得したと、神話には書かれているのです。そこに出てくるのが、天照の自信満々の宣言、「天壌無窮の神勅」です。

この考え方の裏にあるものを探ってみましょう。

どうして天照は、この国を天皇家の子孫が統治すべきであることが「永遠普遍で変わらない」と断言できるのでしょうか。それは、そのことを大国主との「話し合い」で決めたからです。

話し合いで決めたことは必ず正しいしうまくいく、という話し合い絶対主義が、実はこの神話の根本に流れているのです。もちろんこの神話が構築されたのは、憲法十七条が作られた時期よりも、少なくとも二〇〇年から三〇〇年以上も前です。ということは、日本の国家が生まれた当初から、このような「話し合い絶対主義」があったということになります。

もちろん私は、この神話がそのまま真実だったとは思っていません。

両者の間に争いがあったことを感じさせるものもあります。たとえば、先年、出雲の荒《こう》神谷《じんだに》という遺跡から、いっぺんに三五八本もの銅剣が出土しました。それは、それ以前に全国各地で発見された質の良い銅剣を全部合わせても及ばないほどの数でした。

これは、なにを意味するのでしょうか。

普通に考えれば、天照の国を仮に大和と呼び、大国主の国を出雲とすると、大和と出雲の間で戦争があったということです。そして戦争した結果、大国主は捕らえられ無条件降伏したのでしょう。発見された三五八本もの銅剣は、おそらく出雲族の祭祀《さいし》の道具であり、没収され山に捨てられたのだと思います。それが荒神谷という地名の由来だと思います。

実際には戦争に勝って国を奪ったのに、それを美化し正当化するために、話し合いで譲ってもらったのだというかたちにしたのだと考えられます。つまり、国譲りの神話は、後に憲法十七条の原型となる基本的考え方が、すでに神話形成の時代からあったということを示しているのです。

でもこうした視点も、今の教科書からはまったく出てきません。なぜそうなるかという理由はすでに述べましたが、大切な問題ですので、ここでもう一度まとめておきたいと思います。

ひとつは歴史というものの宗教的側面、日本史を貫く行動原理というものに対する探求がまったくされていないということ。そしてさらに、そうしたものから日本史を解釈するという姿勢が、まるでないということ。

もうひとつは、日本史をあまりにも専門化、細分化してしまい、それぞれの分野だけを、まさに狭い井戸を掘るような形で研究しているため、日本史の全体像が見えなくなっているということです。

私は、日本史の専門教育を受けた人間ではありません。大学は法学部、その後は報道機関に就職し、一〇年近く記者をしていました。そういう人間がなぜ歴史を書くようになったのかとよく聞かれますが、一言で言えばこういうことです。

日本の歴史には、研究方法にさまざまな問題点があります。その中でも特に問題なのは全体像を見ていないということです。全体像を見ていないから、本当の歴史の流れというものが見えていないのです。

そういうことが、この神話と憲法十七条の分析をもって、少しは理解していただけたのではないかと思います。

最後にお断わりしておきますが、最近、聖徳太子の実在を否定する学説を唱える人もいます。そして仮にこれが正しく「聖徳太子はいなかった」ということが確定しても、私がこの章で述べたことは否定されません。なぜなら『憲法十七条』という「思想」が古代から存在したことは明らかであり、これは何人も否定できないからです。

2章 〈中世〉 朝《ちよう》幕《ばく》並存の謎を解く

《テーマ1》　武士はなぜ誕生したのか

●教科書の記述からはまったくわからないこと

おそらく外国人から見て、日本の歴史の中で最もわかりにくいのは、いわゆる「朝幕《ちょうばく》並存《へいぞん》」ということだと思います。

朝幕並存というのは、朝廷と、武士の政府である幕府という二つの権力が、並立して共存しているということです。

日本人はあまり疑問を感じないかもしれませんが、外国では、権力は一元化されているのが普通です。たとえば、中国はその典型ですが、宋《そう》はモンゴルによって滅ぼされ、元《げん》という新しい王朝ができる。その元も明《みん》によって滅ぼされ、明は清《しん》によって滅ぼされる。

このように王朝は常に一つしかなく、ほとんどの場合、前の王朝というのは後の王朝に滅ぼされてしまいます。しかも前の王朝の皇帝一族は、後の王朝によって皆殺しにされるというケースがほとんどです。

ところが日本は、朝廷から幕府に政治の実権が移ったにもかかわらず、朝廷はそのまま残っています。そしてその状態が明治維新まで続くのです。明治維新のとき、最終的に朝幕並存がどのようなかたちで終わったかというと、幕府つまり武士の政権が、朝廷つまり天皇に対して日本の統治権を返還する、いわゆる「大政奉還《たいせいほうかん》」というかたちで終わりました。

日本は、なぜこのような二元的な統治が可能なのでしょうか。

普通はどこの国でもそうですが、権力は一つにまとまろうとします。その典型的な例と言っていいと思います。しかし結局は、同じ民族を有効的に支配できないため、一つにまとまるのです。これが普通なのです。中国における『三国志』の三国時代（二二〇―二八〇年）などは、その典型的な例と言っていいと思います。三国時代、中国には魏《ぎ》・呉《ご》・蜀《しょく》の三つの王朝がほんの一時期ですが並立します。しかし結局は、同じ民族を有効的に支配できないため、一つにまとまるのです。これが普通なのです。

ところが日本では、十二世紀末に武士の政権が成立してから十九世紀後半の一八六七年に大政奉還されるまで、七〇〇年近くも朝幕並存時代が続きます。その間、朝廷が武士によって滅ぼされることはありませんでした。

それはなぜなのかというのは、確かにわかりにくい部分だと思います。

この疑問に答えるためには、そもそもどうして武士が興《おこ》ったのかという問いに答えなければなりません。日本に武士、侍《さむらい》というひとつの有力な階層があり、それが歴史を動かしてきたというのは、誰も否定のしようのない事実です。

それではどうして武士というものが興ったのでしょうか。

それは今の教科書をいくら読んでもわかりません。東京書籍の教科書に、「武士の登場と成長」という記述があるので、引用してみましょう。


【9世紀の末ごろから、富豪の輩のなかには、武装して自らの土地を守ったり、盗賊・海賊となって都に運ばれる物資を奪い取る者が出現する。彼らは受領などとして都から下り、その地に根をおろした貴族を棟梁《とうりょう》とし、そのもとでしだいに武士団を形成していくようになる】

教科書の説明というのはどんなものでもそうなのですが、読んだり聞いたりすると、なんとなくわかったような気になるという欠点というか、問題点を持っています。この文章も、よく考えてみると、なぜ武士たちが武装して自らの土地を守らなくてはならなかったのかということが、まったく書かれていないことに気がつきます。

本来は、現地への権限を強めていくということと、武闘訓練をするということに、因果関係はないはずです。

「武士」というのはいろいろな定義ができますが、少なくとも武芸を重んじ、実際に乗馬や弓矢、あるいは刀槍の技に長《た》け、自分を守る力を持ち、そして主君に忠実な人々と言うことができます。後に幕府が成立した後は違いますが、それ以前の武士というのは、民間の武装集団ですから、一種の自警団のようなものです。それなのに、なぜ自警団が必要だったのかということについては、実は教科書を読んだだけではまったくわからないのです。

人が武装をするのは、あるいは武芸を磨くのは、その必要があるからです。趣味としてやるなら話は別ですが、そうであれば、日本国の一つの階層を成すほど多数出てくるはずがありません。数多くの人々が武装したからには、当然のことですが、何か武装する必然性があったのだと考えなければいけません。

●軍隊と警察を全廃した平安朝政府

実はこの「武士の興り」という問題にも、日本人独特の宗教的考え、いやむしろ宗教そのものと言ったほうがよいものが潜んでいます。このことを理解しない限り、なぜ武士が興ったのかということは説明できません。

武士が台頭してきた当時、つまり平安時代の日本は、律令《りつりょう》制度の国家でした。律令制度というのは、基本的には中国から輸入された法治国家の制度です。

中国の場合は皇帝、日本の場合は天皇を頂点にし、そのもとに行政機関としての八省が設けられています。ついこの間なくなりましたが大蔵省《おおくらしょう》というのも、その八省のうちの一つです。他にも民部省《みんぶしょう》や兵部省《ひょうぶしょう》、刑部省《ぎょうぶしょう》といった役所があり、その役所がそれぞれ日本国の行政を担当するというシステムです。

中国と日本の大きな違いは、中国では官僚は「科挙《かきょ》」、つまり人材登用試験によって選ばれますが、日本の場合は、主な幹部は貴族の子弟、つまり世襲によって占められていたということです。これは大変に大きな違いですが、その他の基本的な運用面では、中国の律令制度と日本の平安時代初期に行なわれた律令制度は、ほとんど同じものでした。

それが変化してきたのは、平安中期以降です。なぜ平安中期以降に変化が生まれたのかというと、この時期の日本に重要な変化があったからです。それは、戦争がなくなったということです。

平安京を造った桓武《かんむ》天皇の時代は、東北はまだ未開の地で、蝦夷《えみし》という民族が大和朝廷に対して反抗を繰り返していました。そのため朝廷としては、蝦夷を征伐する必要がありました。

征伐というのは、あくまで大和朝廷から見た言い方です。まつろわぬもの、悪《あ》しき者を倒すということですから差別語なのですが、ここでは当時の言い方に従って、征伐という言葉を使っておきます。

異民族である蝦夷を征伐するための将軍、これが「征夷大将軍《せいいたいしょうぐん》」の起こりです。当時は、その征夷大将軍というものが、律令制度の中の一武官として、つまり軍人として定義されていたのです。

ところが、征夷大将軍として有名な坂上田村麻呂《さかのうえのたむらまろ》の大活躍などによって、東北地方から異民族はほぼ駆逐されます。そして大和朝廷は北海道を除く本州、九州、四国を支配するかたちになりました。これによって異民族に対する戦争は終わりを告げたのです。

ここで奇妙な変化が起こりました。

当時の平安朝政府、つまり大和朝廷が、軍備を次々に廃止しはじめたのです。軍隊というのは、確かに平和な時期にはそれほど必要なものではありません。しかし平安中期以降の日本に起こったことは、軍隊の縮小ではなく、軍隊の完全な廃止だったのです。

もちろん、実際問題として国家の治安を維持することが必要な場合もあります。戦争はないとしても、小規模な混乱や変乱はありますから、そのためにも本来は軍隊を維持していくことが必要なのです。

にもかかわらず、それはどんどん縮小されていき、平安中期以降になるとついに、日本国律令政府には、兵部省《ひょうぶしょう》つまり今でいう防衛省はあるけれど、実際には兵士が一人もいないという状態になってしまうのです。兵士どころか基本的には長官もいない、というのが当時の日本の姿でした。

この流れは兵部省だけに止まりませんでした。次には刑部省《ぎょうぶしょう》、これは今でいう警察ですが、ここでも、まず捜査を行なう人がいなくなり、続いて指揮監督を行なう人もいなくなりました。

もともと律令制度は中国で作られたものですから、中国人の考え方に沿った構造をしています。日本人はそれをそのまま取り入れたのですが、ごく簡単に言えば、その中の刑部省と兵部省、つまり今でいう警察と軍事は、もはや必要ないと考えたということです。

●日本人に特有の「穢《けが》れ」という感覚

どうしてそのようなことが起きたのでしょうか。

それを知るためには、やはり日本人の中国人とは違う部分、日本人独自の「宗教」を考えなければなりません。

日本人にあって中国人にないもの、それは「穢《けが》れ」という考え方です。日本人というのは、伝統的に「穢れ」を嫌う国民です。

「穢れ」というのは、これも定義するのはなかなか難しいのですが、「汚《よご》れ」とは明らかに違う汚染です。「汚れ」というのは、目に見える汚染のことです。目に見えるものですから、洗い落とすことも完全に取り除くこともできます。

一方、「穢れ」というのは、目に見えない汚染、実体としては存在しない汚染のことです。実体のない汚染ですから、それは一種の宗教と考えていいと思います。

要するに日本人は、実際には汚れていなくても、ある特別な場合において、人や物が汚されたと感じる場合があるのです。それが「穢れ」というものの正体です。

具体的な例で言うと、他人の歯ブラシに感じる「汚《きたな》さ」がそれに当たります。人が何年も使った歯ブラシを、使ってもいいと思う日本人はまずいないでしょう。仮にそれがいかに消毒され、きれいに洗浄されていたとしても、我々はそれを使いたくないと思います。なぜなら、それには消毒や洗浄では落ちない汚れがついている、つまり「穢れてる」と感じるからです。

そうした「穢れ」の中の最たるものが、実は「死」の穢れなのです。

このことは『古事記』や『日本書紀』を見ても明らかなのですが、日本人はこの死の穢れというものを、あらゆる災いを呼ぶものとして極端に回避していました。

平安時代、最も権勢を誇った人間の一人に、藤原道長《ふじわらみちなが》（九六六―一〇二七年）という人がいます。この人は、自分の娘を三人も次々と天皇の皇后に送り込み、そして生まれた子どもを天皇にするというやり方で、権勢を握り続けた人です。

「此世《このよ》をば我世《わがよ》とぞ思ふ望月《もちづき》の　かけたることもなしと思へば」

という有名な歌がありますが、この傲慢《ごうまん》な歌を詠んだのが藤原道長です。

ところが、この藤原道長ですら、実は正式な墓というものを持ちません。当時の日本において、正式な墓に葬られていたのは、実は一部の帰化人と天皇家など非常に身分の高い人だけでした。貴族の最高峰である藤原道長ですら、その死体は死の穢れに充ちたものとして忌《い》み嫌われ、山に捨てられていたのです。

京都には鳥辺野《とりべの》や化野《あだしの》といった野原が都の東西にありますが、これは何かというと、昔の死体捨て場なのです。死体というのは死の穢れに充ち満ちていて、あらゆる不幸の根源であるが故に、一定の山に捨てるというのが、庶民ばかりではなく貴族においても普通の葬礼だったのです。

ところが、藤原氏は最高貴族というだけあって、自分たち専用の死体捨て場としての山を持っていました。それは京都の宇治《うじ》の近くにあります。

ところが、その山のどこかに藤原道長が葬られているということは確かなのですが、実際に遺体を葬った場所がどこかということは、実は未だにわかっていません。それどころか、平安時代の記録を見ますと、道長の息子が彼の死後、何年かたってその山に行ってみたときにはすでに、どこに葬ったかわからなくなっていたと書かれています。

それほど日本人というのは、死というものを忌み嫌い恐れたのです。

もちろん、これは日本人独自の考え方ですから、中国にはありません。「穢《けが》れ」という概念について、より詳しくお知りになりたい方は、この本の姉妹編ともいえる『穢れと茶碗』（祥伝社黄金文庫）をお読みください。

ともかく、日本が戦争の脅威から解放され、平和になり落ち着きを得たとき、日本人が真っ先にやったことは何かというと、死の穢れに触れる部門を、実質的に廃止するということでした。

廃止といっても、ここが日本人の面白いところなのですが、法律を改正して今後刑部省や兵部省を廃止するなどということはしていません。ではどうしたのかというと、日本人お得意の「有名無実」というかたちをとったのです。

つまり、役所の名前はあるのだけれど、長官も次官もいない、部下も一人もいないという状態にしたのです。平安時代、この状態がずっと続きました。簡単に言えば、死の穢れを恐れた人、特に貴族たちが、兵部省や刑部省は穢れた職業だとしてタッチしなかったということです。

●なぜ、「令外官《りょうげのかん》」が生まれたのか

しかし現実問題として、国が国防あるいは治安維持というものをきちんとやらなければ、世の中は乱れます。

これは現代でもそうですが、警察を廃止すれば犯罪はなくなるのかといえば、決してなくなりません。警察をなくすことによって、犯罪者が巷《ちまた》に跳梁跋扈《ちょうりょうばっこ》することになるのは、自然のなりゆきです。

実は平安後期の日本に、それが起こったのです。

平安京とは名ばかりで、都の治安は著しく悪化しました。強盗が横行し、さまざまな野盗の群れが略奪に現われるという惨憺《さんたん》たる状態になったのです。

貴族にとっても、自分たちの住みかが荒らされることは辛いことでした。しかしそれでも彼らは刑部省の役人になろうとはせず、むしろもっと身分の低い人間に、そうした穢れ仕事を委任することで、この事態を乗り切ろうとしました。

そこで設けられたのが、検非違使《けびいし》です。検非違使というのは、令外官《りょうげのかん》です。

学校の日本史の時間で、令外官という言葉を聞いた記憶があると思いますが、「令外」というのは、「律令の外」という意味です。ですから令外官というのは、本来の律令には規定されていない官職ということです。

なぜ律令の規定にない官職を作らなければいけないのかというと、本来の律令の中での犯罪捜査部門、犯人検挙部門である刑部省がまったく機能していないからです。そのため、やむを得ずそうしたものを作る必要が生じたのです。

高級貴族は嫌がっても下級の貴族ならば、穢れ仕事でもよいから長官になって給料をもらいたいという人はいます。そういう人たちに道を開いたのが、検非違使というものでした。

ところが、問題なのは、検非違使というのは、今で言えば警視庁であって、わかりやすく言えば、都だけの存在だということです。地方へ行けば、警察も軍隊もないという状況は変わりません。

平安末期の日本というのは、都ですら検非違使のような簡略化された警察しかないのです。軍隊がないことは、言うまでもありません。軍隊はともかく、なぜ警察がないのかというと、警察は犯罪人を捕らえるときに切り殺したり、あるいは捕まえた後に処刑したりするため、軍隊と同じように穢れ仕事だと認識されていたからです。

犯罪に触れること自体が穢れであり、さらに犯人を処刑したりすれば、死というさらに深刻な穢れに触れることになる、ということです。

中国では、国家の統治に当然必要な一分野として位置付けられているものが、日本では日本独自の「穢れ」という思想によって忌むべきものになってしまい、律令の担《にな》い手である高級貴族が責務を果たさなくなってしまったのです。

それでも都はまだ検非違使が設置されたのでよかったのです。地方には何もありません。

当時の日本は中央集権の国ですから、地方には中央から国司《こくし》が派遣されていました。ならば、地方の国司に対して、都にならって地方にも検非違使のようなものを作ってほしいとか、あるいは中央に対して、国家警察のようなものを作ってほしいという要望はなかったのか、という疑問がわきます。実際に要望はあったのかもしれません。しかし当時の朝廷には、それを作る力はもうありませんでした。

なぜそのようなことになってしまったのかということを述べるには、もうひとつ「荘園」というシステムについて説明しなければなりません。

●なぜ荘園がどんどん増えていったのか

「荘園」というのも日本史の重大な項目のひとつです。教科書には必ず載っているといって良いでしょう。しかし私からすれば、憲法十七条に関する記述同様、荘園についても一番大切なことが書かれていません。

それは、荘園というのはいったい何なのか、ということです。

語源的にはさまざまな説がありますが、私は別荘の庭園、つまり別荘の「荘」と庭園の「園」を取って荘園と言ったのだという説が、一番よいと思います。

なぜなら、荘園には次のような背景があるからです。

普通は田畑というのは、作物が採《と》れますから、国家の課税対象となります。ところが、これが藤原道長の荘園だということになると、たとえそこに田んぼがあり稲が植えてあっても、花が植えてあるのと同じということになるのです。これは別荘の庭園なのだから、ここに植えてあるのは稲ではなくて花なのだというわけです。

おわかりでしょうか、つまりこれは脱税の仕組みなのです。荘園というのは、国家の公認した脱税のシステムなのです。

もちろん、最初のころはそうではありませんでした。

日本の土地制度をざっと説明しますと、日本の土地制度の一番初めは、公地公民制でした。土地は全て天皇家のものであり、それを国民に貸し与えるという建前です。

しかしこれではなかなか国土の開発が進まないので、奈良時代に三世一身法《さんぜいっしんのほう》（七二三年）というものができました。三世一身法というのは、荒れた土地を開墾し田畑にすれば、それを三世代にわたって私有できるという、日本で初めて土地私有の道を開いた法律です。ちなみにこれを推進したのは藤原氏です。

ところが教科書の説明によると三世一身法では、四代目になると土地が国家に戻ってしまうので、土地が荒れてしまう。そこで、もう少し長く所有したいという要望が出て、墾田永年私財法《こんでんえいねんしざいほう》（七四三年）というものが発布されたということになっています。

しかし、この説明は明らかに嘘です。

というのは、三世一身法が出てから墾田永年私財法が出るまで、わずか二〇年しかないからです。いくら寿命の短い昔のことだといっても、二〇年のうちに四世代も経って田畑が荒れるなどということがあるはずありません。

つまりこれは、それを口実に、藤原氏を中心とする高級貴族が、自分たちの土地の私有化を朝廷に認めさせたものだと言えるのです。この法律が通ってしまえば、もうこちらのものです。自分たちの奴婢《ぬひ》を動員して、どんどん荒地を開拓すればいいのです。開墾した土地は全て自分の私有地になるのですからこたえられません。

しかし最初のうちは、私有地であっても課税の対象にはなっていました。

これは皆さんもよくご存知の言葉だと思いますが、藤原氏は摂政関白《せっしょうかんぱく》、つまり政府高官を独占することによって、自分たちの土地が特別扱いされるようにしていったのです。これが租税免除の特権「不輸《ふゆ》の権」です。さらに今で言うマルサや官憲のようなものの立ち入る権利を認めない特権「不入《ふにゅう》の権」も得ます。こうした特権をもとに、彼らはますます多くの土地を私物化していったのです。

国有地である口分田《くぶんでん》は、社会主義体制のようなものですから、農民もあまり熱心に耕作しません。きちんと真面目に耕作したところで、昔は租庸調《そようちょう》と言いましたが、税金が高くてやってられないからです。

ところが同じ条件でも藤原氏の荘園に働きに行けば、もっと高いお手当てを貰うことができるのです。となれば当然、いわゆる公民たちは条件の良い貴族の荘園に逃げていきます。そのため口分田は元の荒地に戻ってしまう。そこで今度は、その荒地をまた貴族が開発することによって荘園として自分の懐《ふところ》に入れる、ということが起こったのです。

これをやったのは藤原氏だけではありません。旧国名で大和《やまと》といえば今の奈良県のことですが、大和の国というのはほとんどは、東大寺《とうだいじ》と興福寺《こうふくじ》の荘園でした。昔の言葉で「権《けん》門勢家《もんせいか》」と言いますが、力のある貴族や寺がみなこの方法で私腹を肥やしていったのです。

このような荘園化が進むにしたがって、課税対象である国有地は限りなく少なくなっていきました。どのくらい少なくなっていたかというと、やや時代は下りますが室町時代に南朝の朝臣である北畠親房《きたばたけちかふさ》（一二九三―一三五四年）という人が書いた『神皇正統記《じんのうしょうとうき》』という本があります。その中に「日本における公地は百に一つだ」と言う記述があるほどです。

誇張かもしれませんが、要するに九九パーセントは荘園で、残りの一パーセントだけが国有地だということです。

●映画『羅生門《らしょうもん》』の冒頭シーンからわかること

このような状態ですから、地方の国司にも中央の朝廷にも、収入がまるで入ってこなかったのです。本来日本は豊かな国であるはずなのに、作物は実っていても、国に租税がまったく入ってこないという状態になってしまった。

さらに、わずかばかり入ってきた租税も、その九九パーセントは権門勢家の懐に入るのですから、その代表である藤原氏ばかりが豊かになり、朝廷はどんどん貧しくなるということになります。

この時代を象徴する建物に「羅城門《らじょうもん》」というものがあります。

黒澤明監督の映画『羅生門《らしょうもん》』の舞台として有名ですが、あの映画を見ますと、冒頭に羅生門が出てくるのですが、それはボロボロに崩れています。

実際の羅城門も映画さながらに荒れていました。

本来、羅城門というのは、中国でいえば天安門《てんあんもん》、フランスでいえば凱旋門《がいせんもん》にあたる国家の首都の正門です。その正門が崩れているのに誰も修理しようとしない、それどころか番兵もいない。なぜそのようなことになっているのかというと、当時の朝廷には、人件費もなければ修復費もないからです。

映画『羅生門』は、今で言うホームレスのような人たちが、羅生門の建材の一部を引っぺがして焚き火をしているところからストーリーに入っていきます。本来政府がきちんと機能している場合、国家の正門を破壊して焚き火などしたら、下手をしたら死刑です。しかしそんなことをする権限も人間も、当時の平安朝政府にはなかったという当時の状況を、あのシーンは表わしているのです。

しかし日本国全体に金がなかったのかというと、そうではありません。同じ時代の有名な建物に、今も国宝として残っている宇治の平等院鳳凰堂《びょうどういんほうおうどう》があります。現在はお寺ですが、元々は藤原道長の息子である関白藤原頼通《ふじわらよりみち》（九九〇—一〇七四年）の別荘でした。

つまり藤原氏にはあれほど壮麗な別荘を建てるお金があるのに、国家には正門を修復するお金すらなかったということです。

都でさえそのありさまです。地方は治安を維持するものが何もないため、さらに乱れていました。

日本は世界一治安の良い国だといわれています。最近はそれもだいぶあやしくなってきましたが、それでも今の日本人には治安が悪いということがどういうことなのか、なかなか実感としてはわかりません。

治安の悪い国はどうなるのかというと、みんなが武器を持つようになります。警察も頼りにならない、自分で武器を持たなければ危なくて生活できない、ということです。

平安時代は基本的に警察すらないのです。あったとしても、非常に力が弱い、だから夜盗、強盗のような類に対抗することができない。それらに対抗するためには、自ら武器を持たなければならない。さらに武器を持っているだけではだめで、その武器を的確に、有効に使えなければいけない。つまり武器を所有して、なおかつ武術を磨かなければいけないということです。

実は、これが武士の興りなのです。

●地方の有力地主たちの悲願

当時は墾田永年私財法が生きていましたから、地方にも有力地主がいました。

この地方の有力地主というのは、都で藤原氏に負けたうだつの上がらない元貴族が、地方に流れてきて土着したものです。

都で勢力争いに負けた元豪族も、田舎のほうに流れてくれば身分の高い人です。そういう人たちを慕って集まってきた人たちを組織して、荒地を開拓し荘園を作ったのが地方の有力地主です。

そうして彼らは土着していきました。なぜ土着するのかというと、一番の要因は都に帰ってもうだつが上がらないからですが、もうひとつ重大なことは、荘園は都には持って帰れないということです。ですから荘園を作れば作るほど、その土地に土着するしかなくなるわけです。

ところが、この墾田永年私財法にもひとつ問題がありました。

それは墾田、つまり自分で開発した田畑を完全に私有できるのは、有力寺社あるいは有力貴族である権門勢家に限られていたということです。身分の低い人間には、ごくわずかな土地の所有しか認められていないのです。

頑張って開墾しても、そのままでは課税対象になってしまう。

そこで彼らは、権門勢家に自分の土地を形式的に寄付するということを思いついたのです。つまり、土地の名義を権門勢家に移したのです。名義を彼らに移してしまえば、建前上は彼らの荘園ということになり、無税となります。そして自分は、実質的にはその土地の所有者なのだけど、名目上は管理人という立場でそれを耕作したのです。

しかしこれでは実質的には自分の土地でも、正式には自分のものにはなりません。

そのため、武士たちにとって、自分が汗水たらして開拓した土地を正式に自分のものにするということが悲願となっていったのです。

いくら努力して開墾しても、当時の法律ではその土地を正式に自分のものにすることは認められていない。抜け道として、その土地を権門勢家の荘園とすれば、税金を免れることはできるが、自分は単なる管理者になってしまう。そうなると、実際には貴族にそんな力はないのだけれど、下手をすると、名目上は俺のものだからと土地を奪われてしまうかもしれないという不安も生じてきます。

つまり、所有者としては極めて不安定な立場になってしまうのです。

ですから、この土地の所有権をめぐる問題を何とかしてほしいというのが、武士たちの悲願だったのです。

●『七人の侍』が西部劇になっても違和感のない理由

治安の悪いところは住民が武装するようになる、これは古今東西、ごく当たり前の話です。西部劇に出てくるカウボーイなどもそうです。

カウボーイが誕生するのは、アメリカ開拓時代です。「開拓」というのは日本でもアメリカでも同じで、要は誰もいないところに行って土地を拓《ひら》き、農園や牧場を作るということです。誰もいないのですから、当然警察もいません。

そんな場所で私有財産を作れば、それを狙う悪いヤツが出てくるのも自然の流れです。財産はある、それを狙うヤツもいる、しかし守ってくれる警察は近くにいない、となれば自ら武装し武技を磨き、自力で大切な物を守るしかないのです。

カウボーイというのは、本来は「牧童《ぼくどう》」という意味です。牧童というのは、辞書を引けば載っていますが、牧場で牛や馬の世話をする人のことであり、ガンマンとか戦士という意味はありません。

それがなぜガンマンになってしまったのかというと、開拓地という治安の悪い土地に生活していたためと、その開拓地から大消費地に馬や牛を運んでいく際に、夜盗強盗の類から身を守らなければならないからです。身を守るためには、夜盗強盗より銃がうまくなければなりません。ということでカウボーイがガンマンになっていったのです。

このように、発生の時代はまったく違うのですが、西部劇のガンマンと日本の武士というのは、発生のコンセプトがよく似ているのです。

『七人の侍』という黒澤時代劇を、『荒野の七人』という西部劇にリメイクしても違和感がないのはこのためです。ハリウッドの俳優の多くが、日本の侍に共感を持つのも、侍がカウボーイと同じ独立自尊の形態を持ち、自分の身は自分で守るというコンセプトがあるからだと思います。

このように見ていくと、日本人にはある意味、二種類の人間がいることがわかります。ひとつは今述べたようなサムライ的人間で、もうひとつは自分たちの手は汚したくない、穢れ仕事は全部他にやらせるという貴族的な人間です。

これは余談ですが、もっと遡《さかのぼ》ると、これは弥生と縄文の関係にまで繋《つな》がっていきます。
弥生というのは、基本的に動物を殺さない文化です。農耕文化であり、衣食住の全てを植物で賄《まかな》う文化です。一方、縄文というのは、それとは逆に動物を殺して肉を食べ、その皮を使って住まいを作り、革製の衣服を着るという文化ですから、根本的に対立する部分があるのです。

そういう中で、生産力に勝る稲作を持った弥生文化が縄文を圧倒し、大和朝廷を作り、最終的には征夷大将軍による蝦夷討伐を行なう、ということになるのです。

ではなぜ大和朝廷は蝦夷《えぞ》（現・北海道）まで行かなかったのでしょうか。

北海道へ渡ること自体は、さほど大変なことではありません。津軽海峡があるといっても、たいした距離ではありません。それなのに敢えて渡ろうとしなかったのは、北海道まで行っても、大規模な稲作ができないからでしょう。

大和朝廷というのは稲作の文化であり、その稲作のできる北限が津軽までだったから、彼らは蝦夷地に興味を示さなかったということです。

両者の文化的違いを知ることによって、そういうことも見えてくるのです。

●なぜ武士が政治的発言権を求めるようになったのか

武士の興りというのは、簡単に言えば、平安後期の日本政府である朝廷が、日本独特の穢れ思想によって、日本国の犯罪対策及び治安維持を放棄してしまったために、自分の身は自分の力で守らなければならないという必然性が生みだしたものだったのです。

その武士たちは、力を持つようになると、政治への発言権を求めるようになっていきました。彼らが発言権を求めた最大の理由は、武士たちに土地の正式な所有者となることが認められていなかったからです。

これは逆に言えば、誰かがこれを認めてやるぞと呼びかければ、平安朝政府を倒すことができるということでもあります。そして、実際にそれをやろうとした最初の人が、平《たいらの》将門《まさかど》（？—九四〇年）です。

平将門のやったことは「反乱」と言われていますが、あれは武士たちの側から見れば、中央の平安朝政府に対する開拓民の独立運動だったのです。

つまり、アメリカが自らの独立を懸けて本国イギリスと戦争をしたのと同じことなのです。我々はいつまでも植民地ではいない、我々は独立自尊の国を作りたいんだ、ということです。

ですから将門が言っているのは、日本の征服ではありません。あくまでも「坂東《ばんどう》八ヵ国の独立」なのです。

だがそれは失敗に終わります。なぜ失敗したのかというと、彼に武士の政府はどうあるべきかという具体的なイメージがなかったからです。彼は朝廷から独立しても朝廷と同じことをしてしまっています。自ら「新皇《しんのう》」と名乗り、百官という官僚制度を作るのですが、これは朝廷の真似事です。そこには明確な目標というものがありません。

さらに、当時はまだ、武士たちをひとつにまとめる共通の悲願のようなものもありませんでした。そのため、中央の貴族と結びつくことによって地位を向上させればよいじゃないかという人たちが出るなど、足並みが乱れていったのです。

●平清盛《たいらのきよもり》が犯した将門《まさかど》と同じ過《あやま》ち

現実問題として、武士が力を持ってくるのは、具体的に言うと保元《ほうげん》の乱（一一五六年）からです。

保元の乱というのは、ごく簡単に言えば、朝廷内のお家騒動です。崇徳上皇《すとくじょうこう》と後白河《ごしらかわ》天皇《てんのう》が争ったのですが、こっけいなことに争ったといっても彼らは武力を穢れたものとして放棄していたため、戦争をしようにもクーデターを起こそうにも、そのための兵力を持っていないのです。

しかし兵がなければ戦えません。そこでどうしたかというと、その頃すでに成立していた武士団に声をかけて、各陣営に引き入れたのです。そのため、この戦いにおいては、必ずしもどちらが平氏でどちらが源氏ということにはなっていません。

具体的に言うと、勝った後白河天皇方には平清盛と源《みなもとの》義朝《よしとも》が付き、負けた崇徳上皇方には清盛の叔父である平《たいらの》忠正《ただまさ》と義朝の父である源《みなもとの》為義《ためよし》が味方に付いています。つまり、武士も一族を二分して戦っているわけです。

これによって、平清盛と源義朝が武士の第一人者として生き残りました。この二人が争ったのが平治《へいじ》の乱（一一五九年）で、この戦いに勝利したことによって、平清盛は権力を握るのです。戦いに敗れた源義朝は殺され、源義朝の遺児である源《みなもとの》頼朝《よりとも》と源《みなもとの》義経《よしつね》は一命は救われますが、頼朝は流罪になり、義経は寺に入れられました。

こうして平氏の政権が成立したのですが、平氏の政権も基本的に平将門と同じ間違いを犯します。なぜなら清盛もまた、自分が太政《だいじょう》大臣になり、自分たちの一族郎党を貴族にすることによって、日本国を牛耳ろうとしたからです。

要するに、彼にも「武士の悲願」というものがわかっていなかったのです。どうすれば武士たちがついてくるのか。それは武士たちの土地所有権を認め、政治に参加させてやると言えばよかったのです。でも清盛にはそれはまだ無理だったのです。

なぜ無理かというと、この後に幕府というものができることになるのですが、その「幕府」という政治形態自体、どこにも手本になるものがなかったからです。

それまでの日本は、中国を手本にした政治をしていました。ある意味、中国のやったことを真似ていたのです。律令制度も中国から取り入れたものです。

ところが平安朝以降に武士が興ると、中国のものを真似るという方法では世の中を治めることができなくなってきたのです。なぜなら、武士というものが、そもそも中国にはありえない階層だったからです。

中国の兵士というのは全て軍人です。

乱世にたまたま私設武装集団のようなかたちで登場する人たちはいますが、『三国志』の関羽《かんう》や張飛《ちょうひ》の例を見てもわかるように、国ができたときには、彼らは歴《れっき》とした将軍になっています。将軍というのは国家の正式な軍人ですから、明らかに彼らは日本の武士とは違うものなのです。

ところが日本は、武士という私設武装集団ができ、それが国家の戦争部門を一手に担当しているという極めて変則的な状態なのです。このような状況は中国にはないものです。同じような状況がないのですから、当然お手本になるものもありません。

ですから清盛が藤原氏と同じことをやったのも、ある意味仕方のないことだったのです。清盛がしたことは、自分の娘の徳子《とくこ》を高倉《たかくら》天皇の中宮《ちゅうぐう》にし、生まれた子どもを天皇（安徳《あんとく》天皇）にするということでした。

しかし、それでは武士たちの不満を解消することはできないのです。

●頼朝が武士の心を捉えた最大の理由とは

清盛が最後まで気づくことのできなかった「武士の悲願」を源頼朝が見抜けたのは、実は彼が流罪《るざい》を経験していたからです。

頼朝はお坊ちゃん育ちでしたが、流罪になったことによって実際に下級武士の暮らしを味わうことになりました。その苦しい生活の中で、彼は武士たちの悲願が何であるかわかったのです。そして、自分が多くの武士たちの代表者、代弁者となって、彼らの利益のために朝廷と交渉すればよいのだということに気づくのです。

ここから彼の復権が始まります。

「平氏にあらずんば人にあらず」というほどの権勢がなぜ崩れたのかというと、平氏が基本的に武士の心をわかっていなかったのに対し、頼朝にはそれがわかっていたからです。

島流しにされたとき、頼朝に従う者など一人か二人しかいませんでした。彼はそんな状態から立ち上がって、北条《ほうじょう》氏という自分の妻の一族を味方につけたこともありますが、大逆転勝利を収めるのです。

勝利を収めた頼朝が最初に認めさせたのは、守護《しゅご》・地頭《じとう》を置くということでした。「守《しゅ》護《ご》」というのは、当時は「惣追捕使《そうついぶし》」という言い方をしています。そのきっかけとなったのは源義経の追捕です。頼朝は義経を反逆人とし、反逆人である義経が逃げたので全国手配しなければいけない、だから全国に追捕使を置かせてくださいと朝廷に申し出たのです。これは、警察部門は我々が担当しますということです。

朝廷としては武士の存在などは認めたくありませんから、できれば政治の権限は渡したくないわけです。しかし、これならばというので渡したのが、要するに彼らにとって手を染めたくない穢れ仕事だったわけです。だから追捕使を置くことを認めたのですが、この追捕使が、後に守護と言われる治安全般の維持を担う役職になっていくのです。

この守護よりもさらに重要なのが「地頭《じとう》」の設置です。「地頭」というのは、正式な土地の所有者ということですが、ここで重要なのは、まず第一に、これが朝廷が頼朝に任命権を認めた日本国の公職であるということです。

頼朝はこの権利を獲得するために、当時の朝廷のトップである後白河法皇と直接会談をしています。これは日本史上、神話を除いては最初のトップ会談です。わかりやすく言えば、経営者と労働組合の団体交渉のようなものです。そこで労組委員長である頼朝は、惣追捕使を置く権利と、地頭を置く権利を獲得したのです。

つまり彼は、地頭というものを認めさせたことによって、武士が正式な土地の所有者となることを認めさせただけでなく、それを任命する権限が自分にあるということまで朝廷に認めさせたのです。

だからこそ、武士たちは彼についていったのです。

その時点での頼朝の呼称は「鎌倉殿《かまくらどの》」です。これは武士の第一人者というニュアンスです。その後、頼朝は朝廷から「右近衛大将《うこのえのたいしょう》」というものに任命されます。

右近衛大将というのは、簡単に言えば朝廷の兵部省に所属する軍人ということですが、彼はこれを一応受けるのですが、すぐに辞めています。なぜなら、右近衛大将では、完全に朝廷の家来ということになってしまうからです。

朝廷の家来になりたくない彼が狙ったのは、「征夷大将軍」というポストでした。

これは世界中どこでもそうなのですが、皇帝が将軍を外地に派遣する場合、将軍には現地でのある程度の権限が与えられます。なぜなら、昔は電話もファックスもないので連絡をするといっても膨大な時間がかかったからです。急を要する判断が必要なとき、いちいち連絡をとっているわけにはいきません。そこで、本来は王者にしか許されない徴兵する権利や徴税する権利などが将軍には与えられていたのです。

頼朝はその形をとろうと考えたのです。

これは誰が考えたことなのかよくわかりません。頼朝のブレーンである大江広元《おおえのひろもと》などが考えたことなのかもしれないし、頼朝自身が考えたアイデアなのかもしれません。

いずれにしても、征夷大将軍になることで、彼は京都と遠く離れた関東に関する軍政、いわゆる兵を集めたり税金を集めたりする権利を獲得したのです。

ちなみに、「幕府」というのは、もともとは将軍のいる場所という意味の言葉です。ですから今風に言うと「臨時の前進基地」ということです。

京都から見ると、鎌倉という所に前進基地があり、そこに東国を治める立場の征夷大将軍がいる。そしてその征夷大将軍は、その場において、あくまで天皇の委任のもとに軍事警察のことをやっているだけにすぎないというのが、幕府の始まりだったのです。

●なぜ七〇〇年も「幕府」と「朝廷」は並存できたのか

ところが、武士による関東支配が気に食わない後鳥羽《ごとば》上皇は、鎌倉政権を討つための兵を起こします。これが「承久《じょうきゅう》の乱」（一二二一年）です。

今は教科書にも承久の乱と記されていますが、昔は「承久の変」と言っていました。なぜ「乱」ではなく「変」なのかというと、天皇が第一人者という考え方からです。「乱」というのは、もともと下級者が上級者に対する反乱を意味する言葉です。しかしこの場合は、第一人者である天皇が鎌倉幕府を懲《こ》らしめようとしたのだから「乱」ではありえない、ということで昔は「変」と言っていたのです。

天皇は西の方、幕府は東の方。さらに幕府は、軍事と警察という朝廷がそれまで嫌がってしなかった穢れ仕事をするということで、ある意味棲《す》み分けがなされていました。

しかし、それがどうしても面白くない後鳥羽上皇は、幕府を討つ決心を固めます。ところが、これがまた面白いのですが、朝廷には直属の軍がありませんから、倒幕の兵を起こすといっても、ここでもまた武士を用いることになるのです。

武士の政権をつぶすために、武士に命令を出すのですから、もともと無理な話なのです。

もちろん伝統的な価値観から、天皇につく武士たちもいたのですが、それはやはり少数派です。武士の権益を守る鎌倉政権に対して倒幕の意気が上がるはずもありません。

結果は幕府の勝利です。

そしてこの戦いに勝つことによって、それまで東国だけだった幕府の軍政は、一気に全国に広がりました。具体的に言えば、それまで西国に置けなかった地頭が、これ以降全国に置けるようになったのです。

そこで鎌倉幕府の支配が確立するわけです。

鎌倉幕府の「幕府」というのは、一応建て前としては、朝廷が嫌がってやろうとしない軍事警察権プラス、後には徴税権などが委任されているに過ぎないという立場です。しかしあくまでそれは建て前であって、実質的には国政に関する全ての権限を掌握していました。

確かに正式に認められた権限は、いわゆる「大犯三箇条《だいぼんさんかじょう》」というものだけです。これは頼朝がトップ会談で獲得した権限、つまり軍事と警察権です。

しかしそれ以外のもの、たとえば税金を徴収する権利や国を支配する権利などは、本来は認められていないはずなのですが、それはもう実効支配というかたちで、どんどん広げていったのです。こうした幕府支配が極限にまで広がったのが江戸時代です。

幕府政治というのは、建て前としては、朝廷が日本の統治権を将軍にゆだねているというかたちです。ですから、将軍家が役に立たないということになれば、将軍家から朝廷に日本の統治権を返せば、戦争することなく丸く収まるだろうと考えたのが、幕末の大政奉還なのです。このように歴史は繋がっているのです。

大政奉還の大前提として、過去において朝廷は幕府に対して、つまり天皇家は武士政権である幕府に対して、この国の統治を委任したんだという考え方があるということです。それがなければ、奉還（返還）という考え方は出てきません。

そして、委任したからこそ、朝廷と幕府は並存することができたのです。これが委任ではなく敵対関係にあれば、両者は殺し合いをしていたでしょう。

もうひとつ言えるのは、武士の側に自分たちは穢れ仕事をしている穢れた人間だという劣等感があり、それに対し朝廷には、我々は特別な存在だという感覚があるため、彼らを殺すという方向にはどうしても行かなかったという面もあったと思います。

そのため、日本は鎌倉時代以降、朝廷は神事や祭事のこと、あるいは歌集を作るといった文化事業を担当し、武士は実際の政治という、平安貴族の考え方からすれば穢れ仕事をするという棲み分けができていたのです。

だからこそ、朝幕並存は続いたのです。

そういうことまで見ていないと、なぜ武士が興ったのか、なぜ朝幕が並存できたのかということはわからないのだと思います。

今の歴史というのは、みんな時代別にぶつ切りで見てしまっているので、こうした流れが全然わからなくなってしまっているのです。

そのよい例が、この「なぜ武士が興ったのか」ということから、「なぜ朝幕が並存できたのか」、そして「大政奉還の根拠」というところに繋がっていく流れだと思います。

《テーマ2》　鎌倉仏教は、いかにして広まったか

●はたして親鸞《しんらん》は実在したのか

ある意味で非常に高尚ではあるけれど、わかりにくい平安文化に代わって、何ごとも単純明快、直截《ちょくせつ》に考える武士が表舞台に登場したことによって、文化というものも明快さ、あるいは素朴さを求めるものが出てきました。これが鎌倉文化の流れであるということは、基本的に間違いではありません。

特にその中で重視されるのは、鎌倉新仏教ということだと思います。

この鎌倉新仏教の出現について、清水書院の教科書では、次のように記述しています。

【浄土宗《じょうどしゅう》を開いた法然《ほうねん》、浄土真宗《しんしゅう》（一向宗《いっこうしゅう》）の親鸞《しんらん》、時宗《じしゅう》の一遍《いっぺん》らは、念仏《ねんぶつ》（南無阿弥陀仏《なむあみだぶつ》）を唱《とな》えればだれでも往生《おうじょう》できるという、わかりやすい教義によって、広く武士や

この記述も、やはり厳密にいうと違うのです。

ただこれは、これまで述べたことに比べれば、若干同情すべきところはあります。というのは、教科書は事実を簡明に書かなければいけないのに、その割には紙数が足りないという制約があるからです。

先の記述というのは、基本的には間違いなのですが、それがなぜ間違いなのかということをきちんと説明するには、かなりの紙数が必要かもしれません。ですから逆に言えば、こう書くしかなかったと思われる節もあるのですが、そこのところはやはり、歴史をきちっと理解するためにも、あえて正論を述べたいと思います。

まず、法然（一一三三―一二一二年）、親鸞（一一七三―一二六二年）、一遍（一二三九―一二八九年）が簡明な教えを説いたのは事実です。しかし、それぞれの受け入れられ方は、実際には全然違っていました。

実は一番受け入れられたのは、少なくとも当初においては一遍でした。

そして、意外かもしれませんが、親鸞の教えというのは一時埋もれてしまい、ほとんど滅亡しそうになったというのが実状なのです。

明治になり西洋的な実証主義的ものごとの考え方が入ってきたとき、そのプラス面として、宗教の開祖や天皇家に関することなど、それまでタブー視されてきたもの、あるいはベールに包まれていたものごとに対する研究が比較的自由になってきたということがあります。その中で、明治の初頭の学者たちが、あるひとつの重大な疑問を発しています。それは何かというと、「親鸞は、本当にいたのか」ということです。

現在は親鸞の実在は、さまざまな面から証明されています。ではなぜ明治の学者は親鸞の実在を疑ったのでしょうか。

それは、先ほど述べたように、親鸞の教えというものが、長期間にわたって埋もれていたからでした。親鸞の実在を証明するような同時代の資料が、ほとんど見つかっていなかったのです。

たとえば法然には、同時代の資料がたくさんあります。貴族である九条《くじょう》関白がその弟子になったということで、九条家の日記にも書かれています。つまり、宗門側の資料だけではなく、別の資料からも、確かに法然という男は実在した、教えを説いていた、ということが証明できるのです。

しかし親鸞の場合は、宗門以外の客観的な資料がほとんどなかったのです。親鸞の教えというのは、実際には彼が生きている間に爆発的に広まったのでもなければ、その子孫の段階で広まったものでもありません。一時は滅亡しかけていたのです。それを世に広めたのが、浄土真宗中興の祖と呼ばれる蓮如《れんにょ》（一四一五―一四九九年）という人です。

蓮如という人は、布教《ふきょう》の天才です。おそらく日本の歴史だけではなく、世界レベルから見ても、彼は布教、つまり教えを広めるということに関しては、天才的な才能を持った人と言えるでしょう。

この布教の天才である蓮如以降、本願寺派と呼ばれる親鸞の系統は隆盛に向かっていったのです。本願寺が後に一向一揆を組織して、織田信長と戦国最後の覇を争うことにまでなったのも、蓮如あってのことだったのです。

蓮如の登場以前は、同じ真宗でも、むしろ高田派《たかだは》や仏光寺派《ぶっこうじは》といった流派のほうが栄えていました。これらの流派は、親鸞の弟子が広めたものです。そうした親鸞とは別の系統の宗派は栄えていたし、真宗ではありませんが同じ阿弥陀如来を信仰する時宗も流行《はや》っていました。

このような事情があるからこそ、後世の明治の学者たちは、真宗を実質的に始めたのは蓮如であって、蓮如が自分の教えを権威付けるために、法然の弟子である親鸞という架空の存在をでっち上げたのではないか、と疑うことになったのです。

つまりそれほど親鸞の教えというのは、一時期は消滅しかかっていたということです。

これが歴史的事実です。

●なぜ親鸞直系の流派が振るわなかったのか

親鸞の教えは実に明快です。その簡明な教えがなぜ広まらなかったかというと、ひとつの要因として、親鸞という人がある意味、非常に純粋な人だったということがあります。

彼がどれほど純粋な人だったかということを知る史料に『歎異抄《たんにしょう》』という書があります。

親鸞には『教行信証《きょうぎょうしんしょう》』という著書があるのですが、これは非常に難解なためあまり読まれていません。一方、『歎異抄』というのは、これは大変有名な本ですが、親鸞の弟子の唯円《ゆいえん》という人が、親鸞が話したことをそのまま筆記したものなので、読みやすい上に非常にわかりやすいものとなっています。そのため、『歎異抄』のほうが、親鸞自身が書いた文語体の本である『教行信証』よりも、親鸞のことが良くわかるという、皮肉な現象が起こっているのです。

その『歎異抄』を読むと、親鸞が実に「奇怪」なことを言っていたことがわかります。

彼は「親鸞は弟子一人《いちにん》も持たず候《そうら》ふ」、つまり私には弟子なんか一人もいないと言っているのです。さらに「専修念仏《せんじゆねんぶつ》の 輩《ともがら》 の、我が弟子、人の弟子といふ相論《さうろん》の候《そうら》ふらんこと、もつての外《ほか》の仔細《しさい》なり」とも言っています。

これは、念仏を行なう者同士は争ってはいけないということです。つまりこの言葉は、念仏を称《とな》える者ということですから、浄土宗の信徒も時宗の信徒も含んだ上で、念仏を称える人は全て阿弥陀如来という絶対的な救い主に対して「南無阿弥陀仏」と称えて救いを求めている人々なのだから、俺は何々派だとか、あいつは俺の弟子だったが裏切って向こうに行ったんだとか、そういうことを言って争うのはもってのほか、言語道断であると言っているのです。

「我々は阿弥陀如来という絶対的な仏《ほとけ》の前では等しく仏弟子であって、身分の上下とか、能力の上下などはない。もし能力の上下が見えたとしてもそれは錯覚に過ぎず、我々は等しく凡夫《ぼんぷ》に過ぎない。仏さまの前では皆、平等なんだ」ということを親鸞は言ったのです。

　これは大変に立派で魅力的な理論なのですが、こう言ってしまうと教団というものは組織しにくくなってしまいます。

　教団というのは、トップリーダーがいて、そのトップリーダーがあれこれ指図したほうが、人間というのは悲しいかな、うまく行くのです。ただそのためには、トップリーダーにあたる人が絶対的な権威を持っていることが必要となります。つまり、みんな平等なんだよ、弟子なんかいないんだよ、みんな仲間なんだよという言い方をしてしまっては、教団としては発展しないのです。

　それに対し、先ほど述べた仏光寺派や高田派というのは、そういった組織作り、信徒作りに対して非常に熱心でした。結局、布教ということに関しては、その差が出たのです。

　これは日本人に好まれる考え方ですが、親鸞の生き方というのは、「良い教えなのだから、別に宣伝などしなくても人が集まってくる」というものです。直接そういう言葉では言っていませんが、彼の生涯を見ていると、そういうものだったと思います。

　しかしそれでは、やはり組織作り、教団作りをやる人たちには負けてしまうのです。

●蓮如《れんにょ》が布教のために編み出したアイデアの数々

その形勢を一気に挽回したのが、蓮如でした。

蓮如が言ったのは「俺は親鸞の直系だ」ということでした。

普通お坊さんというのは、明治以前は戒律によって結婚してはいけないことになっていました。結婚できないということは、当然、子供もいないということです。ですから禅宗などでは、血のつながりのない弟子が次の住職を継ぐというかたちで継承されていました。

ところが、浄土真宗だけは、結婚してもよいことになっています。これは親鸞の独創で、他の宗教にはない特徴です。

なぜ結婚が認められるのかというと、人間はみな等しく仏の前では凡夫《ぼんぷ》（愚かな人間）であるからです。人がみな平等であるならば、僧と俗人を分ける理由はありません。僧であろうが俗人であろうが、同じでよいということになります。そこで、それまであった僧は結婚してはいけないという戒律もいらないということで、結婚してしまったのです。

だから親鸞には子孫がいるのです。そしてその直系が蓮如なのです。蓮如はこの「血筋」というものを前面に押し出しました。要するに、真宗には高田派とか仏光寺派とかいろいろな派があるけれど、本当の意味で真宗の正当な系統を継いでいるのは、親鸞上人の直系の子孫である我々だということをセールスポイントにしたのです。

さらに彼は、組織も作りました。彼が始めたのは「講《こう》」というものです。

講というのは、近い場所に住んでいる信者たちの寄り合いのようなものです。近くの集会場に集まり、さまざまなことを話し合うのですが、そこはみんなが自由に語り合うことができる場であるとしました。話し合う内容も自由でした。本来なら信仰のことを話題にするのが一番良いのでしょうが、領主に対する不満など信仰に関係のない話題でもよしとしたのです。

我々現代人は意外と気がつかないことですが、昔は、自由にものを言える場所というのがほとんどなかったのです。どんな場所にも上下関係がありました。領主がいて家来がいる、家族の中でも父と子、あるいは夫と妻、親と子といった上下関係があります。ですから本当の意味で、平等にものごとが言える場所などほとんどなかったのです。

そんな中で、唯一自由にものを言うことができたのが、「講」でした。蓮如はそういうものを作ったのです。だから多くの人々が集まってきたのです。

講は、話すだけの一方通行の場ではありません。人々がわかりやすい言葉で仏の教えを聞くことができる場でもありました。

蓮如は親鸞の教えをわかりやすくひらがなで書いたものを、講において発給したのです。

浄土真宗は江戸時代に「お西《にし》（西本願寺・本願寺派）」と「お東《ひがし》（東本願寺・大谷派）」の二つに分かれてしまったので、現在はこれをお東では「御文《おふみ》」と言い、お西では「御文章《ごぶんしょう》」と言います。

それは、信者の側から「こういうことがわからないのですが、どうしたらよいですか」という質問状に答えるものであったり、あるいはお経に書かれている教えの内容を、わかりやすく説いたものであったりしました。

さらに、「和讃《わさん》」という宗教歌のようなものも作りました。

お経というのは、漢文で書かれたものをそのまま音読みしているので、一般の人には何を言っているのかわかりません。真宗では、それを簡略化して「南無阿弥陀仏」と言うようにしたのですが、それだけではなんとなく寂しいというので和讃を作ったのです。

和讃自体は蓮如が創始したものではなく、昔からあったものなのですが、特に阿弥陀如来の徳を讃えるものをたくさん作り、講で歌わせたのです。ですから、教会で歌う讃美歌のようなものだと考えていただけばいいでしょう。

そういうさまざまなことをしたため、蓮如のときに爆発的に信者が増えたのです。

しかも講の影響は、単なる布教に止まりませんでした。

なぜなら、うちはどうしてこんなに暮らしがきついのだろう、うちの領主はどうしてこんなに税金を取るのだろう、隣村で聞いたら、隣の税金はうちほど高くなかった、じゃあ団結して領主に文句を言おう……、というように講での自由な話し合いが、社会的なものにまで発展していったからです。

最初は文句を言うだけだったのが、そのうち団結して武力を持って権力者を倒そうという動きにまで繋がっていったということです。

それが現実に起きたのが、加賀《かが》（現・石川県）という国です。加賀は富樫《とがし》氏という室町大名が仕切っていたのですが、本願寺の信徒が富樫一族を滅ぼし（一四八八年）、以後九〇年以上にわたって加賀国を支配するということすら起きているのです。

これは極端な例ですが、要するに蓮如という人は、布教の天才であり、蓮如の活躍があったからこそ、親鸞の教えは滅びずに生き残ったということです。

●宗教は大衆化路線によってはじめて広まる

同じようなことは曹洞宗《そうとうしゅう》にも言えます。

禅宗というのはあまり馴染みのない宗教だと思われているのですが、実はお寺の数は意外と多いのです。日本で最も多い寺院は浄土真宗の本願寺派ですが、本願寺を東と西に分けると、その片方と同じぐらいの数を誇るのが、曹洞宗の寺院なのです。

曹洞宗を開いた道元《どうげん》（一二〇〇―五三年）という人は、親鸞とは逆に、きわめて峻厳《しゅんげん》な人でした。まず第一に、彼は出家主義者です。人間は出家しなければ決して救われない、だから結婚が許されないのはもちろん、実家さえも捨てなければなりません。

そしてもうひとつ、これははっきりとは言っていないのですが、どうも女性は救済の対象にしていないようなのです。現実問題として、道元は尼僧を認めていませんでした。ですからいわゆる男尊女卑とは少し違いますが、救いの対象として男しか認めていなかったと思われる面があります。

このように道元の教えというのは非常に禁欲的なものだったため、実は道元もまた数人の弟子しか育てられず、その教えは一時、滅亡の危機に瀕していたというのが、歴史の真相らしいのです。

それを立て直したのは、瑩山《けいざん》（一二六八―一三二五年）という人でした。

彼もまた布教の天才でした。彼は曹洞宗を大きく改革することによって、布教に成功しました。

今、「改革」という言葉を使いましたが、彼が改革を行なったときには道元はすでに亡くなっていたので、この改革をどのように受け取るかはわかりませんが、彼がやったことは、ひょっとしたら道元の目から見たら、改革ではなくて改悪だったかもしれません。

なぜなら、瑩山は思い切った大衆化路線を選択したからです。

たとえば、瑩山はお葬式や祈禱《きとう》も行なったのですが、お葬式や祈禱というものは、道元の教義をどうひっくり返しても出てこないものです。

現世利益を一切求めず、あくまでもきちんと坐禅をして悟りの道を探るというのが道元の仏教です。しかも出家主義ですから、在家《ざいけ》（一般の信者）に対して葬式を出したり、祈禱したりすることも一度もしていません。それを瑩山は認めたのです。大衆が求めているのなら認めようというのが彼のやり方でした。曹洞宗で尼僧を認めたのも彼です。

その瑩山が開いたお寺が能登《のと》国の総持寺《そうじじ》です。

現在、曹洞宗には総本山というものがありません。道元が開いた永平寺《えいへいじ》も、瑩山が開いた総持寺も、実はふたつとも大本山なのです。つまりこのふたつは同格であり、しかもそれぞれの寺を造った道元と瑩山は、それぞれ「高祖《こうそ》」と「太祖《たいそ》」という同格の扱いになっているのです。

これはどう見ても、道元の路線が滅亡に瀕していたのを、中興の祖である瑩山が立て直したために、このような扱いになっているのだと思われます。

ちなみに道元の永平寺は、福井県吉田郡という現在でもあまり交通の便のよくない山の中にあります。なぜそのような場所に寺を造ったのかというと、道元の師である天童如浄《てんどうにょじょう》という中国僧が、堕落しないように「権力には近づいてはいけない」、「寺は深山幽谷《しんざんゆうこく》に建てよ」と言ったのを守ってのことです。

瑩山も最初は師に倣《なら》い、能登の鳳至郡《ふげしぐん》に総持寺を建てています。

ところが明治になり文明開化の世の中になったとき、総持寺は現在の場所である横浜の鶴見《つるみ》に移っているのです（一八九八年）。今も能登に行くと「総持寺祖院《そいん》」として寺は残っていますが、大本山は横浜に移っています。

横浜というのは、文明開化の最先端の土地です。わざわざそういう場所を選んで本山を移しているところが、瑩山の末流らしいところで、これこそが曹洞宗が伸びた理由なのです。

このように宗教というのは、良い教えだからすぐに広まっていくというものではないのです。これは世界的にも言えることなのですが、教祖というのは、きわめて純粋である場合が多く、しかし純粋であるが故に大衆化しがたいというのも否めない事実なのです。ですから、教科書にあるように、ごく単純に、良い教えだから広まったと言ってしまうのは、大きな間違いなのです。

お釈迦さまの教えである仏教もそうです。

もともとお釈迦さまが説いた教えというのは、厳しいものでした。家を捨て、家族を捨て、そして厳しい修行を積んだ後に悟りを開くというのが、お釈迦さまの仏教です。ですからお釈迦さまというのは、出家主義なのです。

しかし、そんなことばかり言っていたのでは、在家では絶対に救われないということになります。ではどうすればいいのかと考え、在家でも仏になれる教えとして、お釈迦さまの死後三世紀を経て出現したのが大乗仏教です。

大乗仏教というのは、一言でいえば仏教の大衆化路線です。修行の方法を簡単にしたということです。

その一番究極のかたちが、親鸞の「南無阿弥陀仏」と称《とな》えさえすれば、どんな悪人でも救ってくださるという教えです。ここまで来ると、修行は一切いりません。

このようにお釈迦さまから親鸞に至る流れを見てもわかるように、宗教というのは、最初は非常に純粋な人が始めるのだけれど、純粋であるが故に、それはなかなか大衆化されない。優れた教えだから直ちに広まるということは、逆に原則としてはないのです。

それを世の中に受け入れられるように、うまく大衆化の工夫をした人がいて、初めて、ひとつの宗教として、広く信仰を集めることができるのです。そしてそれを行なったのが、浄土真宗における蓮如であり、曹洞宗における瑩山なのです。

こうした宗教の本質というものが、前述したような教科書の記述を読んだだけでは、まったくわからないのです。

●日本における血統信仰、天皇信仰の特異性

浄土真宗に関してもうひとつ重要なことを言っておけば、これは「万人平等」を謳った宗教だということです。

仏教というのは、必ずしも平等主義とリンクしないところがあります。

たとえば禅宗でいえば、修行して悟りを開いた人と悟りを開けない人では、まったく別の扱いがなされます。人としての価値が違うと言ってもよいでしょう。

修行して悟りを開いた人は、羅漢《らかん》であり、仏陀《ぶつだ》なのですが、そうでない人々はただの迷える凡夫にすぎません。

そこには明らかな「差」があるのです。

ところが大乗仏教においては、全ての人間は「平等」だという考え方があるので、それを極端に推し進めた親鸞の教えは、本来は天皇制とぶつかりあうはずなのです。

天皇というのは、神の子孫であって至高の存在です。これは普通の人間とは違う存在だということです。ですから、人間はどんな者でも等しく凡人だという親鸞の教えは、この天皇制とぶつかりあうはずなのです。

ところが、実際にはぶつかっていません。

なぜ相容れない考え方がぶつからなかったのかというと、ここがまた面白いところなのですが、蓮如のあたりから親鸞の家系の神格化が始まるからです。

親鸞の家系である本願寺の当主が、宗門内における「天皇」になってしまったということです。逆に言えば、浄土真宗は天皇制を取り込むことによって、むしろ日本人になじみやすい教団に成長したということです。

そういう意味において、日本における血統信仰、天皇信仰というものは、非常に奥が深いと言えます。

外来宗教であるキリスト教が根付かなかったのにも、ひとつにはそうした理由があると考えられます。

ヨーロッパには、キリスト教以後、皇帝が神の子孫であるという考え方はありません。皇帝であっても、一人の人間であることに変わりはありません。王権神授説《おうけんしんじゅ》という理論を使って、皇帝は神から統治権を委任されているのだから偉いのだという考え方はありましたけれど、人間の価値自体は同じです。

ところがそれを日本にもってくると、天皇ということにどうしても引っかかってくるのです。それが日本にキリスト教が根付かなかった理由の全てではありませんが、大きな理由のひとつであると考えられます。

現在も綿々と続く家元制度などもまさに同じです。家元制度というのは、言うなれば「擬似天皇制」なのです。このように、日本では擬似天皇制にしたほうが長続きするという傾向があります。

仏教の世界でも、もともとは世襲は親鸞のところだけでしたが、今では全ての宗派が世襲制度を取り込む傾向にあるというのも、そういうことがあるのでしょう。

3章 〈近世〉信長・秀吉・家康は日本をどう変えたのか

《テーマ1》「楽市《らくいち》・楽座《らくざ》」と「刀狩《かたながり》」の本当の意味

●なぜ戦国時代になり、なぜそれが終息したのか

本書の冒頭でも述べましたが、現行の教科書に共通する欠点は、歴史の流れが非常にわかりにくいということです。なぜそれほどわかりにくいのかというと、それぞれの専門家が全体を見ずに書いているからです。

私は、歴史というのは「因果《いんが》関係の束《たば》」だと思っています。

あることが原因となって、ひとつの出来事が起こる。次にその出来事が原因となって、新たな結果を呼ぶ。歴史というのは、そうやって因果が続いて未来を形作っていくのだと思います。

ですから極端なことを言えば、歴史を学び、歴史の理《ことわり》を少し知れば、未来がどうなるかということも、ある程度予測できるようになるのです。それが歴史を学ぶ意味ではない

でしょうか。

私からすれば、今の歴史教科書は、まるで日本史のカタログです。そして、そのカタログの目次を、子供たちが一生懸命に憶えさせられているような気がして仕方ないのです。たとえば「鎌倉幕府の三大機構は何であるか」という問題が試験に出るというと、子供たちは一生懸命に答えを暗記します。しかし、そうやって言葉を丸暗記することに意味があるのでしょうか。

この答えは、「侍所《さむらいどころ》」、「問注所《もんちゅうじょ》」、「政所《まんどころ》」の三つですが、そんなことは歴史辞典を見れば載っていることです。

それに覚えるにしても、人間というのは、侍所、問注所、政所とただ丸暗記するのではなく、侍所というのはどういう機能で動いていたかということを説明してもらったほうが、はるかに覚えやすいし忘れないものです。

年号も同じです。正確な年号が必要なときは、年表を見ればよいのです。よほど基本的な年次以外は覚える必要はありません。それに中には、関ヶ原の戦いは一六〇〇年ちょうどというように、自然に頭に入ってくるものもあります。

大事なのは語句や年号ではなく、歴史の流れをつかむということです。

前章でなぜ武士が興ったのかということを説明しましたが、本章でも同じように、なぜ戦国時代になったのか、織田信長、豊臣秀吉がどうやってそれを終息させたのか、という大きな流れをつかむことのほうが、細かな語句や年号を覚えるより、はるかに大切なことなのです。

今の教科書を読む限り、織田信長がなぜ他の戦国大名を押さえ、天下統一の流れを作ることができたのか、その流れを知ることはできません。

もちろん教科書にも、信長についてのいろいろな記述はあります。強力な軍団を組織したとか、経済的にいろいろな政策を実行したとは書いてあるのですが、最も重要な、なぜ織田信長、豊臣秀吉らの政策が人々の支持を集めたのか、ということについては何の説明もありません。そのため、信長は強力な軍団を組織したから軍の力で戦国の覇者になったという、誤った印象を与えてしまっています。

これは歴史の流れを無視した見方です。

信長、秀吉の行なったことの本当の意味を探るためには、やはり、なぜ戦国時代になったのかというところから始める必要があるのです。

●足利幕府と徳川幕府の最大の違い

戦国時代に突入する直接のきっかけは、応仁《おうにん》の乱（一四六七―七七年）です。これを契機に、日本全国の大名（守護大名）たちが争いを起こし、次第に中央政府の言うことを聞かなくなっていったのです。

では、なぜ守護大名たちが幕府に従わなくなったのでしょうか。

それを述べるには、鎌倉幕府と室町幕府の性格の違いについて触れる必要があります。

武士の最初の政権は、鎌倉幕府です。

鎌倉幕府において、各国を守っているのは、基本的には「守護」と呼ばれる幕府の直属の御家人《ごけにん》たちでした。頂点に将軍職があり、その直属の家来である御家人が守護として各地を治める。そして、将軍職は、代々源氏の宗家《そうけ》が継ぐというのが鎌倉幕府の構造でした。

しかし、将軍職を継承すべき源氏の宗家は三代で絶えてしまいます。

そのため、その後は宗家の代理人であった北条氏が執権《しっけん》という名で幕府のマネージメントをするようになっていきます。それでも守護たちは一応は幕府直属の家来ですから、幕府という権威に従っていました。

これに対し室町幕府というのは、鎌倉幕府がさまざまな矛盾の中で瓦解《がかい》した後に、足利《あしかが》尊氏《たかうじ》という人が将軍職に就くことによって成立したものです。

この足利尊氏の「弱み」は、足利氏自体が、たくさんの源氏一門の中のひとつに過ぎなかったということです。天下を取った足利家は一応は源氏の名門ですが、その政権下における他の守護大名たちと、家柄に格段の差があるわけではありません。

そのため、室町時代の守護大名たちは、かつて同僚だった足利氏が将軍になったので仕方なく臣従しているが、本来なら同格だという意識が非常に強かったのです。

このことをきちんと押さえておかないと、将軍の言うことを大名が聞かなくなるという事態が起こった理由がわからなくなります。つまり、室町幕府は鎌倉幕府とは違い、もともと大名たちの将軍への臣従意識が低かったということです。だからこそ、大名をきちんと押さえておかないと、将軍の言うことを聞かないという状態が起きてしまう。

そして実際に、そうなってしまったのが、応仁の乱でした。

応仁の乱のきっかけは、将軍の後継者争いに、有力大名がそれぞれ東と西に分かれて荷《か》担《たん》したことでした。それが全国の騒乱へと拡大していったのです。

結局、将軍の後継者争いがもとで、将軍の権威が完全に失墜するという皮肉な結果になったのですが、これは室町幕府の失政と言っていいでしょう。

なぜなら、基本的に将軍というのは、大名をいかに統制するかが問われるものだからです。鎌倉幕府における大名は、直属の御家人だったため、あまり問題は生じませんでした。室町幕府はもともと臣従意識が低かったのですから仕方ないと思われるかもしれませんが、同じように同僚を抜いてトップに立ちながら、立派に将軍職を維持した幕府もあるのです。徳川家康の江戸幕府です。

江戸幕府を開いた徳川家康は、多くの戦国大名との戦いに勝ち抜いてトップに立った人物です。そのため、島津《しまづ》、毛利《もうり》、伊達《だて》といったいわゆる外様《とざま》大名たちは、家康が天下を取ったので一応従ってはいるけれど、うまくすれば自分のほうが主人になったかもしれないのに、という思いを持っていました。

そうした意味で、室町幕府と江戸幕府というのは、基本的な構造が似ているのです。にもかかわらず、徳川幕府は、実に見事な大名統制を行なっています。ですから逆に応仁の乱が起きてしまったのは、室町幕府の失政なのです。

戦国時代というのは、室町時代の末期です。

では、なぜ室町時代の末期を特に戦国時代と呼ぶかというと、将軍職が有名無実となり、幕府による大名の統制も有名無実となってしまったからです。

将軍はいるけれど、直属の家来も、直属の軍団もほとんどいない。だいたい将軍は領地すら持っていないという状態です。

領地があれば人を養うことができますから、直属の軍団を持つことができます。そして軍団を持っていれば、発言権も増します。ところが当時は、これとはまったく逆の現象が起こっていました。

戦国大名同士の戦いとして有名なものに、信州・川中島《かわなかじま》の合戦がありますが、これはその典型例と言えるでしょう。

川中島の戦いというのは、越後《えちご》の国主上杉謙信《うえすぎけんしん》と、甲斐《かい》の国主武田信玄《たけだしんげん》が、自分の領土ではない隣りの国、信濃《しなの》で繰り広げた領土争いです。

このようなことは、江戸時代にはただの一度もありませんでした。江戸時代の大名が領土拡張のために、自分の領土ではないところに侵入して、他の大名と戦争するというケースは、実は見事に一度もなかったのです。

このことからも、江戸幕府がいかに優れた大名統制力を持っていたかということがわかります。その逆が室町幕府です。

室町幕府も六代将軍足利義教《よしのり》（一三九四―一四四一年）の時代までは、諸大名を統制しようと頑張っていたのですが、彼が暗殺されたことによって、結局、八代将軍足利義政《よしまさ》（一四三六―九〇年）の時代に、将軍家の後継者争いが起きてしまいます。この争い（応仁の乱）が有力な守護大名が荷担することによって激化し、まず京の都を焦土と化し、そして全国へと広がっていったのです。

これにより将軍家の権威は失墜しました。同時に将軍家の領土もさまざまな大名に掠《かす》め取られ、足利将軍家は力をなくしてゆくのです。

ですから、なぜ戦国時代になったのかということを一言で言うなら、室町幕府の足利将軍家が諸大名の統制に失敗したから、ということになるのです。

●宗教勢力が武装すると、どうなるか

今でも「乱世」という言葉はよく聞かれますが、今の平和ボケした日本人には、本当の乱世がどのようなものなのか、実感することは難しいと思います。

まず乱世というのは、基本的に治安が維持されていないということです。

最近日本もかなり治安が悪くなってきたと言われていますが、それでも日本全国一〇

番に電話すれば、だいたい三分以内にパトカーが駆けつけてくれるという状況にあります。ですから我々は武器を持つ必要もないし、実際に持っていません。

第2章で説明したように、警察が有名無実になったり、あるいは開拓地のように警察がないところでは、人間は自分の身を守るために武器を持たなければならなくなります。そういう意味では、今の日本はまだ治安がしっかりしていると言えるでしょう。

戦国時代というのは、みんなが武器を持っていた時代です。

武器を持っているというと、多くの人は武士だけを想像するのですが、そうではありません。後の江戸時代の分類でいえば、士農工商すべての階層の人々が武器を持っていたのです。

この士農工商というのは儒教の分け方ですから、実際には、その中に入っていない階級がもうひとつあります。それは「僧侶と神官」です。つまり、宗教勢力も武器を持っていたということです。

宗教勢力が武器を持っているというのは、現代人にはなかなか実感し難いことなのですが、彼らにも生命と財産を守る権利はあります。大きなお寺や神社であれば、お賽銭《さいせん》など多くのお金が集まります。

また、これは後で詳しく述べますが、寺社はさまざまな利権も持っていたので、自らを守る必要があったのです。財産が多ければ、当然それを狙って夜盗強盗の類が寺社を狙うようになります。これが江戸時代のように治安のしっかりしている時代であれば、お上に言って守ってもらえばよいのですが、当時の室町幕府にそんな力はありません。だから寺社も武装していたのです。

武装しているということは、それらが圧力団体になっていくということでもあります。政府の言うことを聞かない団体が、武装もしているのですから、大変なことになっていくのは当然のことと言えるでしょう。

これが戦国時代の実相なのです。

●なぜ油があると、「夜の遊び場」ができるのか

そういう世界で何が起こるのかというと、大きな要素のひとつとして「物価高」が挙げられます。

治安が悪化するとなぜ物価が上がるのでしょうか。

この物価高のメカニズムを説明する一番わかりやすい商品は、私は「油」だと思っています。今は油というと、ガソリンかサラダオイルのようなものを連想することでしょう。つまり、燃料か食用油です。

しかし、ここで言う「油」は、そのどちらでもありません。灯明用、照明用の油です。

これはある意味、消費社会を象徴する商品と言えます。

というのは、発展途上国に行くとわかりますが、今でも世界には電気が通っていないために、日没とともに休み、夜明けとともに働く国もあるのです。

したがって、夜に活動できるというのは、非常に贅沢なことなのです。

夜に本を読みたいと思えば、明かりが必要です。

鎌倉時代というのは、明かりと言えば「ろうそく」しかありませんでした。当時、ろうそくというのは大変な貴重品です。ですから鎌倉時代には、夜に本を読むなんてとんでもないことだったのです。そんなものは天然の明かりのある昼間に読めばいいということです。

ところが中国から油というものが入ってきたことによって、日本にも初めて夜の世界というのが出現します。油は割と安い値段で作れる上、ろうそくよりずっと広範囲の照明として使うことができたからです。

もちろんそれは、夜に本が読める生活になるということでもあるのですが、それ以上に大きな変化をもたらしたのは、「夜の消費社会」が出現したことです。

一番最初にできたのは、おそらく遊郭《ゆうかく》でしょう。

人間というのは（特に男というのは）、非常に性欲に溢れた存在です。しかし、昼間からというわけにも行きません。そういうことをするのは、やはり夜のほうがありがたいわけです。ところがそれまでは夜というのは、真っ暗でしたから、自分の家ならともかく、外へ出かけて行って、そうした行ないに及ぶ場所などありませんでした。

それが油の普及によって、明るい夜というものが出現したのです。そこで誕生したのが「夜の遊び場」というわけです。

夜営業しているその手の店舗ができれば、そこに食事を届けたり、さまざまなサービスを提供したりする人々が集まるようになるので、自然と「夜の街」ができてきます。

ですから油というのは、ある意味豊かさの象徴であり、当時の日本人が誰でも欲しがったものだったのです。

当時の油は、「荏胡麻《えごま》」という植物から作られていました。

これは後には油菜《あぶらな》という植物から作る菜種油《なたねあぶら》に移行していくのですが、当時はまだ荏胡麻の油でした。

これは荏胡麻を栽培し、その種を絞って作る油ですから、基本的に作り方は簡単です。荏胡麻という植物の種さえ手に入れれば、誰でも作ることができます。しかし、誰でもできるというのは技術上の可能性の問題であって、実際には誰でも作ることができるというものではありませんでした。

なぜなら、当時、油を作るにはライセンス（許可状）が必要だったからです。

これは油に限ったことではありません。中世においては、油のような工業製品は、勝手に作ることはできなかったのです。

工業製品と言っても、油のような単純なものであれば特に難しい技術は要りません。それでも、人間の手による加工が必要な製品のほとんどは、勝手に作ることができなかったのです。

工業製品には許認可制度があり、特定のライセンスを受けない限り、それを製造することも販売することもできないということです。

●日本において神様と仏様は、長い間一体だった

現在は製造と販売は分かれていますが、昔は製造業者イコール販売業者というのがほとんどでした。ですからライセンスの認可を受けた人が、製造と販売を同時に行なっていたと考えていいでしょう。

では、油の製造販売をしたい場合、ライセンスの許認可権はどこが持っているのでしょうか。

普通は国家です。ところが先ほどから何度も述べているように、室町幕府は事実上すでに崩壊しています。では朝廷なのかというと、それも違います。朝廷が許可を出すものもありますが、それは官位などに関するものであって、物を作るライセンスではありません。

物を作るライセンスは、これは今でも同じだと思うのですが、最初にそういうものを大々的に作った場所が所有していました。

それはどこかというと、日本の場合ほとんどが「寺社《じしゃ》」でした。

ここで私が「寺社」という語句を使用したのには、意味があります。これは現代の日本人の常識に欠けているもののひとつですが、明治以前の日本において、お寺と神社という

のはひとつのものだったのです。ですから、単にお寺と言うのではなく、「寺社」という語句を用いたのです。

ちょっと思い出していただきたいのですが、明治維新のときに神仏分離令《しんぶつぶんりれい》というものが出され、廃仏毀釈《はいぶつきしゃく》という運動が起きました（一八六八年）。

これは具体的にいうと、これまで一体だった神社とお寺を無理やり切り離し、神社だけを国家神道として国の統制下に入れ、お寺は独立させるというものです。

このときに、ずいぶん多くのお寺が焼かれました。お寺ごとなくなってしまったものもありました。興福寺のような大きなお寺でも、このときに貴重な文化財が数多く失われています。それも売られるならまだましなのですが、焼かれたり、破壊されたりしたのです。

なぜこのようなことをしたのかというと、外国に対抗するためでした。

幕末に黒船によって開国させられた日本は、非常に厳しい世界の荒波にさらされました。つまり、中国がアヘン戦争でやられたように、日本も欧米列強の植民地にされるか、あるいは植民地にされないまでも散々いじめられるのではないか、という恐怖を日本は感じていたのです。

その恐怖に打ち勝つために、維新の志士たちは、新しく国を作り直し、明治維新を成しとげたのです。その際、日本民族が一致団結して心のよりどころにできるような宗教が今の日本にあるのか、という疑問に突き当たりました。

それまでの日本は神仏混淆《しんぶつこんこう》ですから、お寺さんにも行けば神社にも行くという状態です。このような曖昧な宗教で、キリスト教という非常に戦闘的な強い宗教に勝てるのか、と不安を感じたのです。

そこで明治政府は、天皇を中心とした国家神道というものを新たに作り上げることにしたのです。それはピラミッドの頂点に国家と天皇を置き、それを支える信仰形態として全ての神社を国家の統制下に置くという体制でした。

靖国《やすくに》神社なども、基本的にその流れの中にあります。これは、国のために命を落とした人を祀《まつ》って、新たな国の守りにするという発想です。

このとき仏教に対して厳しい措置が取られたのは、そもそも仏教というのが外国から来た宗教だったからです。外国から来た宗教など必要ないということで、無理やり切り離してしまったのです。

私はこれを、「何十年も前に結婚してうまくいっている国際結婚の夫婦を、無理やり別れさせたようなものだ」とたとえているのですが、そういうことが行なわれたのです。

現在、神道は嫌いだと言う人が大勢いますが、その人たちが嫌う「神道」というのは、日本古来の神道ではなく、明治の頃にある程度キリスト教を意識して作られた国家神道である場合がほとんどだと思います。

神仏分離にはこのような経緯があるわけですが、要するに、ここで気づいていただきたいのは、日本において、神様と仏様は長い間ひとつのものとされていたということです。

●日本人特有のレトリック「本地垂迹説《ほんじすいじゃくせつ》」

話は遡《さかのぼ》りますが、仏教が日本に伝来したのは六世紀から七世紀にかけてです。そのとき日本では、有名な「崇仏《すぶつ》論争」というのが起きています。これは、外国から来た仏様という新しい神様を尊ぶべきかあるいは排すべきか、という論争です。

仏を尊ぶべきだと主張したのは、帰化人の系統の蘇我《そが》氏でした。それに対し、日本の神道をずっと司《つかさど》ってきた物部《もののべ》氏は、仏など必要ない、排すべきだと主張しました。この争いは、最終的には戦争にまで発展します。

結局戦いは、蘇我氏の血を引く聖徳太子が崇仏派に荷担することによって、物部氏を打ち破り、日本に仏教が定着することで収まります。

この時代、仏教と神道はまだ別々のものでした。

ところが、日本人特有の和の精神については第1章で述べましたが、日本人というのはこのような対立する関係が嫌いなのです。そこで、中世の鎌倉から室町にかけて、日本人は、仏教と神道を融合する理論を考えだしました。

それが「本地垂迹説《ほんじすいじゃくせつ》」です。

「垂迹」というのは、「この世に現われる」、「本地」というのは、「その本体」という意味です。

この理論は、先に結論が決まっています。つまり、神様と仏様は本来ひとつのものであるという結論を説明するための理論なのです。

神様と仏様は明らかに違う姿をしています。それに神様は日本に古来からずっといましたが、仏様は六世紀になってから日本にやってきました。

この明らかに違うものをどのような理屈で繋《つな》げたのかというと、「実は仏様はすでに神代の昔から日本に来ていた」としたのです。

しかし、そう言われても、すぐには信じられません。神話を読んでも仏様のことは何も書かれていないからです。日本の神話に登場するのは、日本武尊《やまとたけるのみこと》とか武甕槌神《たけみかづちのかみ》といった神道の神様ばかりです。当然、「なんだ、やっぱり仏さんはいないじゃないか」ということになってしまいます。

そこで、あれは日本人に馴染みやすいように、仏様が姿を変えて垂迹したのであって、本体は仏様なのだという説明をしたのです。これが本地垂迹説です。

ひとつ具体例を挙げて説明しましょう。

日本で最も多くの信仰を集めている仏様は阿弥陀如来《あみだにょらい》でしょう。「南無阿弥陀仏」と称えれば、この仏さんを拝んでいるわけですが、この阿弥陀如来は、昔は熊野権現《くまのごんげん》の姿で現われたとされていました。つまり熊野権現と阿弥陀如来は同体であるということです。

本地垂迹説では、仏様のほうが神様より上位の存在であると考えられましたから、正しくは、「熊野権現の本地（本当の姿）は阿弥陀如来である」という言い方になります。

したがって、紀州の熊野に有名な熊野権現神社がありますが、そこへ行って熊野権現さんを拝めば、それは阿弥陀如来を拝んだのと同じことだとされたのです。

鎌倉仏教のところで時宗の一遍という人のことに少し触れましたが、この一遍上人がまだ智真《ちしん》と称していたときのことです。彼は、どうしたら人々が救われるのだろうと考え

「お籠《こも》り」をするのですが、そのとき籠《こも》った場所が、実は熊野権現神社なのです。

今この話をすると、なぜお坊さんが神社に籠るのかと疑問を感じる人が多いのですが、当時はそれでよかったのです。なぜなら熊野権現は阿弥陀如来とイコールの存在だからです。

そして、ここで智真は、夢の中で阿弥陀如来のお告げを受けるのです。

そのお告げは「おまえが念仏を称《とな》えるから仏様になれるのではない。もうすでにみんなが救われることは決まっているのだ」というものでした。

●阿弥陀如来《あみだにょらい》の極楽浄土《ごくらくじょうど》に行く方法とは

なぜ日本では、阿弥陀如来という仏様が一番信仰されたのでしょうか。

仏教の最終ゴールは、本来は悟りを開いて「仏陀《ぶっだ》（覚者）」になることです。ところが我々凡人はなかなか悟りを開くことができません。

お釈迦さまはかつて、北インドの王子であったにもかかわらず、美しい奥さんとかわいい子供を捨てて出家し、そして激しい修行の末に悟りを開かれました。そんなことは、普通の人間にはできません。普通の人にはお釈迦さまの真似はできないということです。

お釈迦さまの仏教はとても尊いものではあるが、同じことをするのは凡人には無理だ、ということで出てきたのが、大乗仏教《だいじょうぶっきょう》という考え方です。

大乗仏教に対して、それ以前の出家主義の仏教は小乗《しょうじょう》仏教と呼ばれました。

この「小乗」という言葉は、実は差別語です。なぜなら、「小乗」というのは小さな乗り物という意味だからです。要するに、「おまえの仏教は自分一人しか救えないじゃないか」という意味が込められているのです。ですから歴史的説明以外、通常この呼称は使いません。「上座部《じょうざぶ》仏教」、あるいは「部派仏教」といいます。

それに対し、一度にたくさんの人間を救える教え、たとえば小乗仏教が一人乗りの自転車だとすれば、大きなバスのような仏教として考えだされたのが大乗仏教です。

その大乗仏教のエースというべき存在が、阿弥陀如来です。

仏《ほとけ》というのは、お釈迦さまただ一人ではありません。悟りを開けばみな仏様なのですから、何人もいらっしゃいます。俗に三千仏という言われ方をするのもこのためです。

その大勢いる仏様たちは、それぞれ自分の住む世界を持っています。そしてその世界のことを「浄土《じょうど》」と言います。

ですから、実は浄土というのはひとつではなく、仏様の数だけあるのです。

日本人の多くは、浄土というのは極楽浄土のことだと思っていますが、実はこれは間違いなのです。極楽イコール浄土ではありません。極楽浄土というのは、たくさんある浄土の中のひとつに過ぎないのです。

極楽浄土というのは、阿弥陀如来のいる浄土のことです。

阿弥陀如来の浄土は「極楽浄土」、薬師如来の浄土は、「瑠璃光《るりこう》浄土」と言うように、仏様によって浄土はみな違うのです。

ではなぜ極楽浄土がこれほど有名になっているのに、瑠璃光浄土のことは誰も知らないのでしょうか。

それは瑠璃光浄土に行きたいと思っても、行く方法がわからないからです。

それに対し、阿弥陀如来の極楽浄土に行く方法は、明示されています。それは、「念仏《ねんぶつ》」という方法です。

なぜ念仏すると極楽浄土へ行けるのか。その根拠はお経の中にあります。お経の中に、阿弥陀如来が悟りを開く前に、「私が悟りを開いたら私のことを念仏しなさい、そうすれば念仏した者は、私の住まいである極楽浄土に生まれ変わらせてあげる（これを阿弥陀の本願《ほんがん》といいます）」と書かれている部分があるのです。

浄土に生まれ変わるということは、阿弥陀如来のお側《そば》に行けるということですから、悟りの開けないような凡人でも悟りを開くことができると考えられました。

つまり、二段構えになっているのです。

本来なら、お釈迦さまのように現世で悟りを開いた人が仏になります。しかし、そのようなことは、とてもじゃないが我々凡人にはできない。だから、かつて悟りを開いた大先輩である阿弥陀如来のいる極楽浄土にまず呼んでいただいて、そこで阿弥陀如来のご指導を賜《たまわ》り仏になる、ということです。

極楽浄土に生まれるためには、まず、念仏を称えて死ぬことが必要です。次に、極楽浄土で阿弥陀如来の指導を受けます。そして悟りを開いて初めて仏になれるのです。

ところが、日本ではこうした過程を全て省略して、死ぬことを「成仏《じようぶつ》」と言っています。

なぜ死んだだけで成仏、つまり仏になると言えるのかというと、阿弥陀如来のもとで修行をすれば成仏できることがすでに決まっているからです。

本来は「死」と「成仏」は、まったく別のものです。しかし、念仏を称えて死にさえすれば、阿弥陀如来は必ず救ってくれるということになっているので、死ぬことを成仏と言うようになったのです。

同じように、死ぬことを「往生《おうじょう》」とも言います。

往生というのは、行（往）って生まれるという意味です。ではどこに行くのかというと、極楽浄土です。死んだことによって極楽浄土に行って、そこで新たに生まれるということです。これも念仏を称えて死にさえすれば、必ず阿弥陀如来が極楽浄土に連れて行ってくださるということになっているから、死ぬことを往生と言ったのです。

現在、死ぬという意味で使われている「往生」や「成仏」という言葉には、本来このような意味があるのです。

●比叡山延暦寺《えんりゃくじ》と日吉大社《ひよしたいしゃ》も、もともとは一つ

こうした仏教の信仰と神道の信仰を、中世の日本人は「本地垂迹説」という理論で重ね合わせてしまいました。

室町時代から明治時代の直前まで、日本人にとってお寺にお参りに行くことと神社を参拝することは、同じことでした。今は違います。今は神社に行ってもそこにお寺はありま

せんし、お寺に行っても神社はありません。

ところが昔は、あたりまえのように、大きな神社に行くとその本地仏である仏様を祀ったお寺がありました。

たとえば熊野権現に行くと、熊野権現の本地仏である阿弥陀如来を祀った小さなお寺がありました。逆に阿弥陀如来を祀った大きなお寺に行くと、その隣りに熊野権現さんを祀った小さな社《やしろ》があったのです。

こうした形態を今も残しているのが、日光東照宮《にっこうとうしょうぐう》です。行かれた方はご存じだと思いますが、東照宮の手前には輪王寺《りんのうじ》というお寺があります。あの輪王寺と東照宮は、もとはひとつのものだったのです。つまり輪王寺に行くことも、東照宮に行くことも同じことだったのです。

こうした寺社の中で最大のものが、京都府と滋賀県の県境にある比叡山延暦寺《ひえいざんえんりゃくじ》です。比叡山は京都の東北に位置しています。昔は東北というのは「艮《うしとら》」の方角といい、魔物や悪い者たちが入ってくる方角とされていました。いわゆる「鬼門《きもん》」です。

つまり、比叡山延暦寺というのは、都である平安京を守るための「鬼門ふさぎ」として、あの場所に建てられたのです。

比叡山は都の東北の山の上にありますが、その山を都とは反対側に降ると琵琶湖があります。この琵琶湖のほとりの坂本に日吉《ひよし》大社という大きな神社があります。実はこの日吉大社と比叡山延暦寺は、昔は一体のものだったのです。

日吉大社に祀られているのは、大己貴命《おおなむちのみこと》と大山咋命《おおやまくいのみこと》という神様です。

一方、比叡山延暦寺の本尊は、薬師如来です。薬師如来と大己貴命は本地垂迹説に基づけば同体なので、信仰上は何も問題はないわけです。

平安時代中期から室町時代にかけて、比叡山延暦寺の僧侶は、都に対し増税などの不満を訴えるときに「強訴《ごうそ》」というデモのようなことを行ないました。

強訴をするとき、比叡山の僧侶たちは神輿《みこし》を担《かつ》いで都に行き、「そんなことをすると仏罰、神罰が下るぞ」、「俺たちの要求を通せ」と訴えました。

神輿というのは、読んで字のごとく神様の乗り物です。つまりあそこに乗っているのは、日吉大社の神様なのです。その日吉大社の神様を比叡山延暦寺の僧侶が、神輿で担いで強訴するのです。

そのようなことをするのは、同じ神を祀っているからというだけではなく、両者が宗教法人としても同体だからです。

現在は、比叡山延暦寺と日吉大社は、信仰上も別であり、宗教法人組織としても別物です。でも昔はひとつだったのです。

だから「寺社」という言葉を使うわけです。それは現在のお寺とも神社とも違う「寺社」というひとつの組織なのです。

●当時のお寺は、先端技術の輸入センター

ここまでの話を頭に入れていただいた上で、話は油に戻ります。

油を作る技術というのは、日本人が独自に発明したものではなく、大陸から渡ってきたものだと考えられます。

では、その技術は誰が日本に伝えたのでしょう。

近代以前、中国大陸に留学した人とは、どのような人たちであったかというと、そのほとんどは「僧侶」です。

多くの留学僧の中で、空海や最澄、あるいは道元、栄西のように後世に名を残しているのは、ほんの一握りの抜きん出た才能を持った人たちだけです。

では、それ以外の多くの留学僧たちは、何をしたのでしょうか。もちろん経文を持ち帰

った人もいますが、中には、お寺の造り方や蒔絵《まきえ》の作り方など、先端技術を持ち帰った人もいたのです。

これは聖徳太子の時代からそうなのですが、留学僧というのは実にさまざまなことを学んできます。なぜなら、お寺の建立や維持にはさまざまなものが必要だからです。

お寺を造る場合も、仏像さえあれば寺はできるというものではありません。仏像ももちろんですが、寺院を建てるための建築技術や、伽藍を装飾するための金箔を押す技術など、お寺を造るためにはさまざまな技術が必要です。大工もただの大工さんではダメです。柱を彫刻したり、塔が建てられる人でなければお寺は造れません。他にも、寺院の屋根をふく瓦《かわら》も焼かなければなりません。

そうしたもろもろの要素を含めると、ひとつの寺を建てるためには、あらゆる先端技術を学ぶことが必要だったのです。ですから留学僧たちにとっては、仏教の教えだけでなく、さまざまな技術を学ぶことも大切な役割のひとつだったのです。

そのため、当時の寺というのは、単なる宗教施設ではなく、先端技術の輸入センターのような役割も果たしていました。薬や単純な工業製品など、大陸文化の多くが、留学僧を介して日本に伝えられたのです。油の作り方も、おそらくこうした留学僧の一人が持ち帰ったものだったのでしょう。

ところが寺というのは、技術はあっても、それを大量生産したり、販売することが本業ではありません。

そこで目端の利《き》く商人が、この時代は商人イコール製造販売業者ですから工人と言ってもいいのですが、お寺に「おたくで作っている油を私に作らせてください」というようなことを願い出たのです。商人はそれでお金を儲けるわけですから、寺は認可する代わりにライセンス料を要求するようになります。

ライセンス料だけなら買いきりで済んだのですが、次第に寺は上納金、パテント料をよこせと言うようになっていきました。

これが平和な時代であれば、あまりにも法外であると訴えることもできますが、先ほどから述べているようにこの時代は無政府状態なので、結局は寺の思いどおりになってしまうのです。

寺に納める金額が増えれば、商人は利益を出すために、その分を商品価格に上乗せすることになります。すると、それを知った寺は、どうせ消費者から取るのだからと、ますます金を要求し、商品価格はさらに上がっていったのです。

●なぜ寺社と特権商人たちが手を結んだのか

商品には原価というものがあります。

しかし原価で売ったのでは、ただのボランティアになってしまいます。商売として成立するためには、商人への報酬、つまり利潤というものが必要です。

仮に油の原価が一〇で、それに利潤を二加えた一二で売るのが適正な物でも、この間にさまざまな中間搾取が入ることによって売値が五〇になってしまう、というのがこの戦国時代のインフレの図式でした。

このとき中間搾取された三八は誰の手に渡っていたのかというと、もちろん商人の懐《ふところ》にも入っているのですが、多くはその上部団体である寺社勢力の懐に入っていました。寺社は何もしなくても、多額のお金が上納されてくるのですから、やめられません。しかも独占企業ですから、この状態がずっと続くのです。

この構造を打ち壊すことはできなかったのでしょうか。

良心的な商人が、ライセンスを無視し、自ら荏胡麻を栽培し市場に安く供給しようとした場合を例に考えてみましょう。

安い商品が市場に出れば、当然消費者はそちらの商人から買うので独占状態が崩れるだろうと我々は考えます。しかし、当時そういうことは不可能だったのです。なぜなら、油を売っていた特権商人たちがカルテルを結んでいたからです。

しかも彼ら特権商人は、浪人たちを雇っていました。これは今で言う暴力団のようなものです。そのような状況で誰かが抜け駆けすれば、すぐに浪人どもを差し向けられ、制裁が加えられてしまいます。浪人というのは暴力団のようなものだと言いましたが、当時彼らの存在は社会の必要悪でした。なぜなら乱世で警察機構がないからです。財産を持っている人は、自分で身を守らなければなりません。自力で戦えない人は、お金で武力を買うしかありません。だから、浪人のような存在も必要だったのです。

今の人たちは商人というと、江戸時代の商人のように丸腰だと思っていますが、当時は違います。少し後の時代の有名な商人に呂宋助左衛門《るそんすけざえもん》や茶屋四郎次郎《ちゃやしろうじろう》という人がいますが、彼らは元武士だったり、商人であっても帯刀していたことが知られています。

苗字帯刀《みょうじたいとう》というのは、江戸時代は武士の特権でしたが、苗字はともかく帯刀、つまり武器を持つ権利というのは、戦国時代は特権ではなくむしろ当たり前のものだったのです。警察がないので自分たちで財産や命を守らなければならない、だから商人たちは武力集団を抱えていたのです。

そういう状況ですから実際には不可能なのですが、もし、良心的な商人が特権商人の制裁に打ち勝ったとしたらどうなるでしょう。

今度はその上部団体である寺社勢力が動き出します。もちろん彼らも武装しています。しかも実は寺社の武装は非常に強力なものだったのです。

本来は、現行の教科書からでもこのことには気づかなければならないのですが、残念なことに日本人の多くは、気づいていません。でも、そんな人たちでも武蔵坊弁慶《むさしぼうべんけい》の存在は知っていると思います。彼はただの坊主ではありません。彼は僧兵、つまり僧侶の格好をした兵士だったのです。こうした僧兵が多数いたので、寺社は武力を持った軍団と言えるのです。

比叡山延暦寺も軍団をかかえていました。比叡山延暦寺と同一体である日吉大社も武装していました。ただし、神社のほうは頭を丸めないので僧兵とは言わず「神人《じにん》」と言いました。

ですから良心的な業者が、許認可権を無視し、安い油を作って供給しようと思っても、すぐにこうした武装集団につぶされてしまうのです。文字どおり殺されてしまうでしょう。

ちなみに、司馬遼太郎さんの作品に『国盗り物語』という有名な小説がありますが、これを読むと当時の社会状況がとてもよくわかります。『国盗り物語』は全四巻、前半二巻が斎藤道三《さいとうどうさん》、後半二巻は織田信長《おだのぶなが》を主人公にしているのですが、実はこうした商人と寺社勢力の話が作品全体を貫く柱となっているのです。

後に美濃の国の国主となった斎藤道三には、油売りの商人だったという伝説がありました。実際には、彼の父親が油売りだったらしいのですが、そういう伝説をベースに、この小説では、道三がいかに特権商人たちに苦しめられたか、そして、それをバネに、いかにして戦国大名になっていったかが描かれています。

小説ですから、もちろんフィクションの部分もかなり多いのですが、根本に流れている当時の社会事情は事実を見事に描いた作品です。

●関所は作り放題、「関銭《せきせん》」巻き上げ放題

さて、仮に武力を持った良心的な商人がいて、商人たちが雇っている浪人集団にも勝ち、神人や僧兵にも勝って、何とか質の良い油を作ったとしましょう。

次の問題は、作った油をどのようにして運ぶかということです。商品というのは、作っただけではお金になりません。人に売って初めてお金になります。ですから売るためには、人の集まる市場まで商品を運ぶ必要があります。

実はこの「商品を市場まで運ぶ」というのが、また大きな問題なのです。昔は重い荷物を運ぶ場合、ほとんどは船を用いました。しかし、海に隣接した工場でもあれば別ですが、通常は港まで街道を通って運ばなければなりません。

ところが、街道には関所があり、そこを通らなければ港に行くこともできません。

関所というのは、基本的には今で言う出入国管理事務所のようなものです。都に武器や禁制品などが入ってこないように監視したり、逆に都から大切なものが持ち出されないよう見張るためのものです。

ですから関所を運営しているのは、江戸時代であれば幕府または大名となります。

ところが、何度も言いますが、この時代には政府は機能していません。もちろんこの時代にも本来の目的のために設けられた関所もいくつかはあるのですが、九〇パーセント以上の関所は違う目的を持っていました。

何をするための関所なのかというと、「関銭《せきせん》」、つまり通行料を取ることだけを目的に作られたものなのです。今でも高速道路などを使うと、通行料は取られます。私は道路公団にはいろいろと言いたいこともあるのですが、少なくとも道路公団が徴収したお金は、新しい高速道路の建設費に使うということになっています。

ところが当時の関銭は、その関所を作った人の懐《ふところ》に入るだけなのです。

そうした関所は東海道のような公道にもありました。公道に接している地元の領主が、道に勝手に関所を作り、「ここを通るなら銭を出せ」とやるのです。

一人がこういうことをすると、必ず真似をするヤツが現われます。そして最後には、あいつがやるなら俺もということで、みんながするようになっていきます。さらには、こちらから向こうに行くのに銭を取られるのなら、向こうからこちらに来るのにも銭を取るのは当然じゃないか、ということになるのです。

このようなことになってしまうのも、室町幕府が有名無実だからです。

現在の例に置き換えてみると、これがどれほど酷《ひど》い状態なのかおわかりいただけるでしょう。

たとえば、高速道路に接している地主やあるいは地方公共団体が、勝手に料金ゲートをもうひとつ作って、「ここを通りたいならお金を払いなさい」と言ったらどうでしょう。

そういうものがいくつもあるというのが、当時の状況なのです。

今の日本では、実際にはゲートを作ることすらできません。なぜなら、日本が法治国家だからです。もし地方公共団体が強行しようとしても、警察など国家によって実力で排除されてしまいます。

しかし当時は勝手に関所を作っても、それを排除する者はいません。だから関所は作り放題なのです。

●淀川《よどがわ》に置かれた関所は三〇〇カ所

こうした関所は街道だけでなく、海にもありました。

海の上にどうやってゲートを作るのか、と思うかもしれませんが、海の場合はゲートではなく、日本各所に伝統的に存在していた水軍を利用したのです。

ここで言う水軍とは、軍隊ではなく海賊のようなものです。その水軍と契約して、彼らに関銭を徴収させたのです。

荷物を運んでいる船というのは、貨物船ですから船足は速くありません。それに対し、海賊である水軍の船は船足が速い。そこで、貨物船にぴたっと横付けし、今で言う臨検を行ない、積荷の一部を取ったり、通行料をよこせと言って銭を取ったりしたのです。

これが海の上の関所です。

こうした陸海の関所を最も多く持っていたのはどこかというと、実はこれも寺社なのです。

確かに比叡山延暦寺というと近江の国のことだけのように思えますが、古い寺社になると、瀬戸内海の航行権のようなものを持っているケースがあるので、さまざまなところで銭を集めることができたのです。多くの人がこのやり方を真似るようになると、関銭の金額もどんどん上がっていきます。

値段がつりあがったことを示す実例として、興福寺のある偉いお坊さんが書いた日記に、次のようなことが書かれています。

あるとき、そのお坊さんは、美濃《みの》の国、今の岐阜県に住む友人にお酒を贈りたいと思い、お酒一樽と酒の肴《さかな》を買って送ります。奈良から岐阜までですから、それほど遠くはありません。ところが、途中関所をいくつも通過したために、お酒が友人の元に届いたときには、酒代よりもはるかに高い送料がかかっていたというのです。

もうひとつ、これも実話です。

昔は重い荷物を持って運ぶというのは、とても大変なことでした。当時はトラックのような力強い陸上輸送機関がないので、重い荷物の輸送は海や水路に頼ることになります。

そのため水路というものが、今よりもずっと活用されていました。

江戸も大坂も水路が発達し、多くの荷が船を使って運ばれていました。川というと我々はすぐに飲料水のことを考えてしまいますが、当時の川は運河としても重要な役割を果たしていたのです。

大阪に淀川《よどがわ》という大きな川がありますが、運河として使われていたその淀川に、最盛期にいくつ関所があったのか、数えてみた人がいるのです。

いくつあったと思いますか。

なんと、三〇〇もの関所があったそうです。

もちろん三〇〇カ所全てを通過しなければいけないわけではありません。生鮮食料品はこの関所とこの関所、そうではないものはこの関所とこの関所、というように棲《す》み分けはあったということです。それでも、いくつもの関所を通り、その全てで銭を取られるのは事実です。

ですからせっかく安い油を作って出荷しようと思っても、市場まで運ぶ間に、膨大な経費がかかってしまうということです。

ちなみに、寺社に出入りしているような特権商人たちは、関銭を取られないようになっていました。しかし、そうでない商人は取られてしまう。さらに、関所と寺社とは繋がっているわけですから、密造油を作っても関所を通ればすぐにバレてしまうのです。

そういう意味でも安い油が市場に出ることは難しく、ますます特権商人たちの独占状態が続くことになるのです。

●影の経団連として君臨した寺社勢力

仮に実力で阻止しようとする許認可権の問題をクリアし、なおかつ輸送の問題をクリアできたとしても、問題はまだあります。

それは、その商品をどこでさばくのかという「市場《しじょう》」の問題です。

市場《しじょう》というと経済学的にいろいろと定義できてしまうので、この場合は「市場《いちば》」と言ったほうがいいかもしれません。市場《いちば》というのは、不特定多数の人間が集まりやすい交通の便の良いところにできます。

具体的には港であったり、街道と街道が交差しているところであったりとさまざまですが、そういう場所に決まってあるのが、寺社です。たとえその場所に寺社の建物が建っていなくても、港の流通の権利などというのは、古くからある寺社が確保しているケースが多いのです。ですから、寺社勢力というのは、日本の影の経団連だと思えばいいのです。

武家政権というのは、武士がやるわけですから、もともとそろばん勘定というのは苦手です。そろばんが得意という人は、ほとんどいなかったと思います。

では国家財政のようなことは誰が管理していたのかというと、鎌倉時代でもすでに五山《ござん》の禅僧がやっていました。昔の日本の知識階級というのは、公家か僧侶しかいません。ですから公家と対立した武士政権は必然的に僧侶に頼ることになるのです。

実は寺社というのは、今で言う金融業、金貸しのようなことも行なっていました。ただし表だって行なっていたわけではありません。基本的にはバックに比叡山などのスポンサーがいて、そこが酒屋や土倉《どそう》（質屋）などを経営しているのですが、実際には下級僧侶が実務をこなしていました。

そういう意味でも、寺社というのは影の大経済団体なのです。

だから市場も彼らが握っていたのです。そして、ここで商売するならと、今で言うテナント料のようなものを要求したのです。ヤクザ風に言えば「何がしかのショバ代を出せ」

ということです。

今までは工業製品の話をしていたのですが、市場では農産物も同じようにテナント料が取られます。お百姓さんが丹精こめて作った大根をここで売りたいと思って持ってきても、その市場を管理している寺社にお金を納めなければ売ることができません。そのため、どうしてもその分のコストが値段に上乗せされます。消費者側から見れば、その分商品の値段が高くなるということです。

そして寺社だけが肥え太り続けるのです。

寺社は寝転んでいてもお金が入ってくる仕組みになっているので、これがどんどん進んでいくと、物価はますます上がり、一部の特権商人と寺社だけが栄えるという状態になっていくのです。

●寺社の特権を剝奪した信長の「楽市《らくいち》・楽座《らくざ》」

このような状態の中で最も苦しむのは庶民です。

ではどうしたらよいのでしょうか。

言葉で言うのは簡単です。まず許認可権を無視し、寺社にパテント料を一銭も払わないということがひとつ。当然、特権商人同士のカルテルも無視し、勝手に作ってよいことにします。ただし、これをやるためには武力の裏づけがどうしても必要です。武力を持っている人間でなければ、すぐに殺されてしまうからです。

もうひとつ、輸送の問題では、いちいち物を動かすたびに銭を取られたのではかなわないので、関所をなくします。

そして三つめの問題である市場は、誰でもテナント料なしで商売できるようにします。つまりフリーマーケットにするということです。

これらのことを一言で言うと、「楽市《らくいち》・楽座《らくざ》」と「関所の撤廃」となります。

信長領ではこれをやったから、物価が下がったのです。

それまで寺社によって取られていた中間搾取分が、きれいさっぱりなくなるのですから庶民は大喝采です。

ところが寺社からすれば、これまでは寝転んでいても稼げた利権を全部奪われたのですから、信長ほど憎いヤツはいないということになります。

これは後々の話になるのですが、徳川家康は、最終的に寺社勢力に対して寺領《じりよう》、つまり領地を与えることで、彼らの経済基盤を確保させています。

この時代の寺社も寺領に当たるものは持っているのですが、戦国大名にかすめとられて、実際には収入源になっていないケースが多かったのです。つまり、彼らも生きていかなければならないので、生活の基盤を確保しようとしていった結果、このようなかたちになってしまったという面もあるのです。

そのため彼らにとって利権を奪われるというのは、死活問題でした。

寺社は、お金があるから狙われる、狙われるから兵隊を雇う、雇った兵隊を維持するためにはお金がいる、だからまたお金を稼ぐ、こういう悪循環になっていたのです。

この流れを断ち切るためには、武力を持つ大名が、「もうそういうことはしなくていいぞ」と、すぱっと言ってあげなければなりません。しかし言われたほうはたまらないので、「信長は仏敵《ぶってき》だ」ということになるのです。

ですから信長が行なった楽市・楽座というのは、実は寺社勢力を基盤とした特権階級の利権を撤廃するためのものだったのです。「楽座」というのは、特権商人のカルテルを潰し、我が領内においては一切許認可権も必要ないし、カルテルに入って無用な銭を払う必要もない、その代わり特権を認めない、というものです。そして「楽市」というのは、寺社の課すテナント料を廃止し、我が領内では自由に物を売ってよいというものです。

さらに、この楽市・楽座の間を通過する場合の関銭の徴収を認めない、いわゆる「関所の撤廃」も信長は断行しました。

信長がどんどん領土を広げていけば、それだけ楽市・楽座、関所の撤廃が適応される範囲が広がっていきます。

たとえば信長が伊勢の国を取ったとき、伊勢の国には伊勢神宮がありますから、そこに至るまでに関所がたくさんありました。それは商人だけではなく、伊勢神宮を参拝する人からも関銭を徴収していました。極端なことを言えば、父親が急病だから隣りの村に行きたいといったときですら関銭は取られていたのです。

信長が領主になった途端それが廃止されたのですから、人々は大喝采して信長を支持しました。

このように、なぜ信長の政策が人々に支持されたのかということは、こうした当時の社会状況がわからなければ理解できないのです。そういう意味でも、歴史というのは流れとして見ていくことが重要なのです。

●日本に宗教戦争があった時代

信長は寺社勢力に対してかなり厳しい対抗策をとっています。比叡山を焼き討ちしたり（一五七一年）、一向一揆の大弾圧もやっています。特に後者では虐殺と言ってもいいほど多くの人を殺しています。

しかし、このようなことをしたからといって、信長は無神論者で宗教が嫌いだったかというと大きな間違いです。

手段の是非はともかく、信長が目指していたのは「寺社勢力の武装解除」だったのです。これは今の人の常識にも通じることだと思いますが、「お前たちは宗教団体なのだから、何かことがあったときに、すぐに武器をもって圧力をかけるのは止めろ」、「武器は捨てろ」と、信長は言っているのです。

武器を捨てろと言う以上、何かあったときには俺たちの力で守ってやる、ということも彼は言っています。つまり、信長の保護下に入れということです。

彼の言う「天下布武《てんかふぶ》」とは本来そういう意味なのです。

天下に自分の武力を敷く、つまり自分の武力で制圧することによって、悪いことをするヤツは俺が罰するから、武士以外の人が武器を持つ必要はない。そういう世界を作ろうと信長は思ったのです。

日本の歴史の教科書には「宗教戦争」という言葉は出てきませんが、実は日本には宗教戦争があったのです。特に対立していたのは、日蓮が開いた法華宗《ほっけしゅう》（日蓮宗）と念仏を旨とする浄土宗、または浄土真宗などでした。この対立はとても激しいものでした。

たとえば「天文法華《てんぶんほっけ》の乱」という有名な乱があります（一五三六年）。

実は法華宗の側が被害者なのですから「法華の乱」という言葉自体少しおかしいのですが、これはどういうものかというと、この後、信長の焼き討ちでは被害者となる比叡山延暦寺が、京都市中にある日蓮宗の寺院に焼き討ちをかけたという事件です。

なぜこのようなことをしたのかというと、京都の町衆に日蓮宗の信者が多かったからです。簡単にいうと、比叡山は自分たちのマーケットを取られたと思ったのです。そこで、マーケットを取り戻すために、「あんな邪教を広めるのはもってのほかだ」と言って僧兵を差し向け法華寺院を焼き討ちしたのです。

相手はお寺ですから、当然そこには女性も子供もいました。それを皆殺しにしたのです。私の手元にある歴史辞典には、応仁の乱よりも規模が大きかったと書かれています。

そういうことをされた法華宗、日蓮宗の宗徒はやられっぱなしだったのかと言いますと、そんなことはありません。法華宗は『法華経』を最重要視します。そのため阿弥陀如来を最重要視する念仏宗とは、もともとそりが合いません。互いに相手を「邪教《じゃきょう》」だと思っていました。

そこで法華宗は、「天文法華の乱」に先立つ一五三二年、浄土真宗の本山である本願寺を焼き討ちしているのです。当時の本願寺は京都の東郊・山科《やましな》にありました。

山科にあった本願寺がなぜ大坂の石山《いしやま》に移転（一五三三年）したのかというと、山科本願寺が法華宗徒に焼かれてしまったからです。

つまりこの時代、宗教団体同士の争いは、互いが武力を持っているため、すぐに殺し合いにエスカレートする傾向があったのです。平和な時代だったら論争で済むことが、戦争になってしまう。さらに、彼らの武力が経済力に裏打ちされ、非常に強大なものであったことも、争いを必要以上に大きくしました。

本願寺は当時はまだ新興宗教ですから、比叡山が持っているような関所の利権やライセンスは持っていません。しかし、彼らには大勢の信徒からの多額の献金がありました。献金だけでなく、土地やさまざまな物品も献上されますから、その経済力はものすごいものだったのです。

さらに、何も献上する物を持たない人であっても、鈴木孫市《まごいち》のように「俺の武力を本願寺のために使ってくれ」と言う人もいるわけですから、本願寺の力は強大でした。

これは今でも同じですが、お互いが武器を持っていると、なかなか武器を捨てることはできません。向こうが持っているのに、なぜ俺だけが一方的に武器を捨てなければいけないのだ、ということになるからです。

●信長から秀吉に引き継がれた「刀狩《かたながり》」

そんな時代に信長は、宗教団体が武器を持って政治に関与することはおかしい、とずっと一貫して言い続けたのです。ですから彼は、武器を持たず政治にも関与しないのであれば全て許す、という態度を取っています。

これも勘違いをしている人が多いのですが、本願寺と信長の対立にしても、最初に攻撃を仕掛けたのは信長ではなく本願寺のほうなのです。このことを否定する歴史学者は一人もいません。

そして、これも確かなことなのですが、信長と本願寺は何回か講和を結んでいるのですが、講和を破ったのは必ず本願寺のほうなのです。

同じ宗教団体でも、比叡山と信長の対立と、本願寺と信長の対立は、争点が違います。比叡山のほうは、宗教上の理由というよりも、利権をめぐる争いです。

一方、本願寺のほうは、信長の宗教政策をめぐる争いです。だからこそ、信長の宗教政策を受け入れられない本願寺側が、必ずだまし討ちのようなかたちで信長を攻めるのです。

しかし、そんな本願寺も、最終的には信長に屈します。

信長が本願寺に勝ったとき、彼はどうしたでしょうか。

そのとき信長が本願寺に与えた書状が今でも西本願寺に残っていますが、その冒頭には「総赦免《そうしゃめん》のこと」と書いてあるのです。つまりこれまでの罪は一切許すと信長は言っているのです。

信長はこの戦いで自分の弟を殺されています。その他にも有力な武将を何人も殺されています。もちろん兵隊も大勢失っています。それでも「すべて許す」と言っているのです。

この書状には、続けて「往来は自由である」とも書かれています。信仰は続けてよいということです。

信仰は弾圧しない、そしてこれまでの罪は全部許す。

なぜ信長はこれほど寛大な態度を取ったのでしょう。

それは本願寺が武器を捨てたからです。ですから信長のやり方というのは「政教分離」ということで一貫しているのです。この政策は秀吉を経て、実は家康によって完成されています。

我々は僧侶というと、古くても徳川時代、家康以降のイメージしか持っていないため、僧侶というのは丸腰の平和な人たちだと思っているのです。そして、そういう丸腰の人たちを焼き殺したのだから、信長は残酷だと思ってしまうのですが、実際には違うのです。当時の宗教勢力というのは、お互いに殺し合いを繰り広げるとんでもない武装集団だったのです。信長が行なったのは、その武装集団の武装解除だったのです。

このことがわからないと、この時代の重要な項目のひとつである「刀狩《かたながり》」ということが理解できません。

なぜ刀狩が行なわれたのか。刀狩というのは何なのか。

それは信長が成しとげられなかった天下布武という志を受け、秀吉が成しとげた武装解除のための政策だったのです。

室町幕府は頼りなかったけれど、今はもう公権力が確立された。これからは我々が治安を守るから、個々が武器を持つ必要はもうない。だから武器は捨てなさい、というのが刀狩なのです。刀を狩るというのは、武装解除という意味なのです。

今の教科書で学んだ人は、このことがわからないのです。その証拠に「刀狩というのは現代語で言うと、武装解除ですね。では誰の武装を解除したのですか?」と訊くと、みんなキョトンとした顔をします。

なぜなら侍《さむらい》の武装解除をしたわけじゃないことは、わかっているからです。侍というのは、戦うことを職業としている人です。ですから、たとえば関ヶ原の戦いで徳川家に敵対したとしても、石田三成《いしだみつなり》のようなトップクラスは首を切られますが、西軍で戦ったために浪人になったような者が、武器を取り上げられることはありません。

それは、武士というものは、基本的に武装する権利を持っているからです。

武士から武装する権利が取り上げられるのは、明治に「廃刀令《はいとうれい》」が出されたときです。そのときこの法令に不満を抱いた不平士族がいくつかの争乱を起こし、これが最終的には西南戦争へと繋がっていったのです。つまり、明治まで日本では武士の特権として武器を持つことは認められていたということです。

では、刀狩では誰の武装を解除したのかというと、要するに武士以外の全てです。現行の教科書では「農民から武器を取り上げた」としか書かれていませんが、実際には武士以外の武器を持っている人全て、農工商だけではなく寺社勢力も対象だったのです。

つまり、刀狩というのは秀吉の完成した政策ではあるのですが、結局それは信長から始まっているわけです。そしてさらに、宗教勢力の武装解除という課題では、最終的には家康が成しとげています。

信長、秀吉、家康というのは、ひとつの目標に向かって進んでおり、それを最終的に完成させたのは家康だということです。三人は同じビジョンを持ち、見事な継続性を持っていたのです。

そういう流れで見なければ、戦国時代の歴史というのは理解できません。

《テーマ2》秀吉の朝鮮出兵、その本当の理由

●秀吉の大仏建立は、仏教宗派への〝踏絵〟だった

歴史を流れで見ていくと、刀狩と同じように、朝鮮出兵や方広寺《ほうこうじ》の大仏建立など、秀吉のその他の政策も、信長から家康まで続くひとつの流れの中にあることがわかります。

まず秀吉の大仏建立のほうから話を進めましょう。

秀吉は何のために、京都の方広寺に大仏を建立したのか。

いつの時代でも権力者というのは、巨大な権力を築き上げると、その権力の記念碑を作りたがるという傾向があります。エジプトのピラミッドなどはその典型です。日本では仁《にん》徳《とく》天皇陵などがその例と言えます。

ですから秀吉だけを見ると、大仏建立もそうした権力の記念碑のようにも見えるのですが、私は、やはり宗教統制という、信長から続く一連の流れの中に位置づけて理解すべき

だと思います。

秀吉の後を担《にな》った家康の宗教政策としては、キリシタン弾圧が有名ですが、彼が徹底的に弾圧した宗教が、実はもうひとつあります。それは日本の仏教で、法華宗の中の不受不《ふじゅふ》施《せ》派です。

もともと法華宗というのは法華経しか信じないという、ある意味日本の仏教の中では珍しく排他的な宗教です。彼らは基本的に、法華経を信じる人間でなければ正しくないと考えています。しかし日本人全てが法華宗の信徒というわけでありません。するとそこで、ひとつの問題が生じます。それは、権力者が法華宗の信徒でない場合、そこからお布施《ふせ》（寄付）を受けてよいのかという問題です。

これは法華宗の中でも意見が分かれました。法華宗の信者ではない者から布施を受けるのは、不正義だという考え方と、相手は権力者なのだからある程度は仕方ないのではないか、という考え方に意見が分かれたのです。

このとき、法華宗の信徒でない者には、こちらから食べ物を施すようなことはしない、その代わり自分たちも法華宗の信徒でない者からの施しは一切受け取らない、という意見を貫いたのが「不受不施派」です。

ですからある意味、信長のころの一向一揆のような危険性を秘めた宗派だったのです。だからこそ家康はこれを徹底的に弾圧したのです。

家康がこの宗派の存在を知ったのは、秀吉の大仏建立がきっかけでした。正確に言えば、大仏建立の際に生じた論争が原因で不受不施派が誕生した経緯を家康は知っていたのです。

秀吉は大仏を建立した際に、千僧供養をするからその法要に参加せよと、各宗派に招待状を出しています。この招待状を受けて、法華宗の中で先ほど述べた論争が起きたのです。

なぜなら秀吉は法華宗の信徒ではなかったからです。

秀吉は法華宗の信徒ではない、しかも大仏も法華宗の大仏ではない、それなのに我々が招待に応じてよいのか、ということで論争になったというわけです。その結果、法華宗は二つに分かれ、不受不施派が誕生したのです。

このことからも秀吉の大仏建立の目的は、国家による宗教統制だとわかるのです。

国家の枠内における異論は許すけれども、国家権力に直接逆らうような宗教は許さないということです。それを見極めるための招待状、つまり踏絵だったのです。

家康が不受不施派を徹底的に弾圧したのも、この宗派が国家の統制に服さないと知っていたからです。国家による宗教の統制というのは、ある意味、信長の考え方の発展なのですが、それを行なうために秀吉は大仏を作ったということが、彼以前の統治者である信長、および以後の統治者である家康と比較することによって、はっきりとわかるのです。

●豊臣家と方広寺《ほうこうじ》との奇《く》しき因縁

当時、奈良の東大寺の大仏は、松永弾正久秀《まつながだんじょうひさひで》という男によって焼かれたため、失われていました。そこで新たにそれ以上の大仏をということで、方広寺に大仏を造ったのです。

ただし、方広寺の大仏は木造でした。東大寺の大仏のような金銅仏を作るには非常に高度な技術が必要な上、長い歳月も必要とされたからです。

その代わり、奈良の大仏より大きい、六丈三尺の大仏を作ったのです。

これは余談ですが、この大仏は完成から数年後に起きた伏見の大地震によって、倒壊してしまいました（一五九六年）。その際、怒った秀吉は、馬で駆けつけると「世の中を守るはずの大仏がなんだ」と言って大仏の眉間に矢を射ったと言われています。それは彼のパフォーマンスだと私は思っているのですが、そういう話もあります。

方広寺の大仏はその後、徳川家康の勧めで豊臣秀頼《ひでより》によって再建されましたが、これも失火で、焼失しています。私はこれは放火だったのではないかと考えていますが、本当のところはわかりません。

家康が秀頼に大仏再建を勧めた理由は、秀吉の遺産を食いつぶさせるためです。

ちなみに、この方広寺というのは、豊臣家にとっては、極めてケチのついた縁起の悪い寺なのです。大仏のこともそうですが、大坂冬の陣の引き金となった「鐘銘《しょうめい》事件」の鐘《かね》も、この方広寺の鐘なのです。

鐘銘事件とは、家康が豊臣家を挑発するために、秀頼が作らせた梵鐘《ぼんしょう》の銘文に難癖をつけ、豊臣家を開戦に追い込んだ事件です。

問題の銘文というのは「国家安康《こっかあんこう》　君臣豊楽《くんしんほうらく》」の八字です。これは、国家が安泰で君も臣もともに豊かに栄えるように、という意味です。

ところが家康は、「国家安康」は家康という名を分断しているうえ、「君臣豊楽」と豊臣の文字を入れていると、言いがかりをつけて激怒したのです。

そして、このことがきっかけで、大坂冬の陣、夏の陣が起き、豊臣家は滅亡へと追い込まれていったのです。

ですから方広寺というのは、豊臣家にとって非常に縁起の悪い寺だったと言えるのです。

ちなみに、現在は方広寺に大仏はありません。しかし、皮肉と言うか面白いことに、「国家安康」と書かれた鐘は今でも残っているのです。もしも、家康が本当にその鐘が自分を呪うものだと思っていたら、この鐘の存在を許すはずがありません。ですからこの鐘が今も残っているということは、あのときの家康の言い分が、豊臣家を追いつめるための口実だったということを物語っています。その証拠に、豊臣家を滅ぼした後、家康はこの鐘について何も言っていません。

この鐘は、今も京都に行けば見ることができます。

●兵士の失業対策としての朝鮮出兵

もうひとつ秀吉の政策の中で、信長からの一貫した流れの上にあるものとして見なければならないことに「朝鮮出兵」があります。これに関しては、明らかな侵略行為なのだから「朝鮮侵略」と言え、という人もいます。

朝鮮出兵が侵略行為にあたることは、私も否定しません。しかしここで問題なのは、それが侵略行為か否かということではなく、なぜ秀吉がそんなことをしたのかということです。

これは今の教科書を読んでもわかりません。

なぜなら、教科書以上のレベル、日本史の専門家、特に秀吉時代の専門家でも、朝鮮出兵の原因は不明で、未だに定説はないというのが、実は日本歴史学界の見解だからです。教科書を書いている人たちがわかっていないのですから、それを読んでわかるはずがありません。

実は、これは聖徳太子の憲法十七条の記述と同じぐらい、日本の歴史学界の欠陥が如実に表われている部分です。

日本史の専門家たちが朝鮮出兵の原因がわからないのは、日本史しかやっていないからです。世界史を見れば、こんなことは常識です。

ヨーロッパでもインドでも中国でも、世界中どこでも同じですが、戦乱の時代を終わらせるためには、強力な軍隊というものが必要です。しかし強力な軍隊だけではダメです。それを指導しうる、優れた軍事指導者、つまり英雄がいないと乱世というのは収まりがつきません。

ところがその英雄の活躍によって、乱世が終わったらどうなるでしょう。

兵士の仕事というのは、基本的には戦争です。戦争が仕事であるにもかかわらず、戦争がなくなってしまうのですから、それは失業状態になるということです。ですから、乱世が終結したときというのは、どこの国でも、膨大な兵士の失業問題をどう解決するのかという問題が生じるのです。

これには二つの解決策があります。

ひとつは彼らの仕事を作ってやること。もうひとつは、何か別の仕事を見つけるということです。そして秀吉が選択したのは、一番簡単な方法でした。

彼は仕事を作ったのです。兵士の仕事を作るということは、戦争を仕掛ける、つまり他国を侵略するということです。

これはアレキサンダー（アレクサンドロス）大王の昔から行なわれてきたことです。チンギス・ハンもそうですし、ナポレオンも基本的には同じです。このように乱世を平定した強力な英雄というのは、その後、外へ向かうというのが世界史の原則なのです。

なぜなら戦争が終わったからといって、「君たちの仕事はもうない、これからは出世も昇給も一生ない」などと言ったら、いくら英雄でも殺されてしまうからです。ですから、英雄であればあるほど、外へ出かけていくものなのです。

その中でもアレキサンダー大王は典型的です。アレキサンダーというのは、紀元前四世紀のマケドニアの王です。マケドニアは、今のギリシャ、バルカン半島の根本に位置する小国でした。それがまずギリシャを統一し、宿敵ペルシャまで倒します。さらに、その返す刀でエジプトを征服し、最終的にはインドまで到達する大帝国を築いたのです。

このアレキサンダーの進軍は一〇年も続きました。それでも兵士というのはついてくるのです。なぜなら、アレキサンダーの領地が増えるということは、部下である自分たちの領地も増えるということだからです。部下もお金持ちになり豊かになっていくので、戦いに負けない限り、こうした戦争は止まらないのです。

では、アレキサンダーの遠征がどこで止まったのかというと、インドの一番西の端、インドの入り口にあたる場所でインド軍に勝ったところで、兵士たちが「暑いしこんな国はもういやだ」と言ったので、そこで終わったのです。

遠征からの帰路、アレキサンダーは三十三歳という若さで亡くなるのですが、あそこで兵士たちが帰ると言い出さなければ、彼はもっと先まで進んでいたと思います。

世界征服という野望を世界で初めて抱いたのは、アレキサンダーだと私は思っています。ですから、アレキサンダー個人としてはもっと進みたかったけれど、部下たちがもう止めようと言うので、本国に引き返すことを決めたのです。

秀吉も、もし朝鮮半島の制圧に成功していれば、次は中国、そしてインドまでも行っていたと私は思います。事実、秀吉はそういうことを言っています。

日本の歴史学者はそれを秀吉の誇大妄想だと言っていますが、そんなことはありません。日本が中国大陸を制する可能性もあったのです。

たとえば中国の元《げん》という王朝を建てたモンゴル族は、もともとはモンゴル平原の一角にいた少数民族でした。清《しん》王朝を建て、後に愛新覚羅《あいしんかくら》という姓を名乗る満州族も、もともとは少数民族です。一〇万人程度の彼らが、数億の人口を擁す中国を制したのですから、秀吉の計画も決して夢物語とは言えなかったのです。

事実、最初のうちは、日本軍は連戦連勝でした。

日本軍が破竹の進撃をしながら最終的に敗れた理由は、調査をしないという日本人の欠点が招いた失策が原因でした。

朝鮮側が日本軍の補給路を断つ作戦に出たとき、調査不足から日本軍は、これを許してしまったのです。

日本の補給路を遮断したのは、今でも韓国人なら誰も知らない人はいない海の名将、李《り》舜臣《しゅんしん》という人でした。彼は日本と朝鮮半島の間の制海権を奪い、武器弾薬や食料が日本軍に届かないようにしたのです。これによって日本軍は敗れました。

日本は昔から補給ということが苦手です。太平洋戦争のときも、戦死した人間よりも、補給作戦の失敗で餓死した人間のほうが多いという悲劇を招いています。インパールやガダルカナルの悲劇も、全て補給作戦の失敗が招いたものです。

これは日本の民族的欠点と言っても過言ではないでしょう。

とにかく、乱世を平定した英雄が、そのあり余る力を持て余して外に行くというのは、世界史の原則なのです。この世界史の原則さえ知っていれば、秀吉の行動は不思議でもなんでもありません。それなのに、未だに定説がないなどと専門家が言うのは、日本の歴史学者たちがいかに狭い視野でしか物事を見ていないかということの表われなのです。

●川中島の戦いは、なぜ農閑期に行なわれたか

秀吉の場合、兵士の失業問題が生じたそもそもの原因というのは、それが専門兵士だっ

たということです。これは信長の遺産です。

信長という人は、天才的な戦略家でした。彼は、さまざまな制度を変えていますが、軍事制度に関しては専門兵士の育成ということをやっています。これは信長以前には誰も成し得なかったことです。

たとえば、仮に武田信玄の軍隊が一万人いるとしましょう。その一万人の中に、我々が普通にイメージする武士、つまり専門職の軍人は何人いるかというと、多分一〇〇〇人もいないのです。

専門兵士は全体のわずか一割程度なのです。残りの九割は何かというと、いわゆる農民兵なのです。つまり、普段百姓をしている人たちを、戦時に足軽という兵士にして、軍団を組織し攻めていくというのが、戦国大名の普通の形態だったのです。

なぜそうなるのかというと、当時唯一の基幹産業である農業に、多くの人手が必要とされていたからです。

どんな国でもそうですが、食料生産をきちんとしないと、その国は一年で滅びてしまいます。ですから農業は絶対におろそかにできない重要な産業だったのです。

なぜそれほどまで人手を必要としたのかというと、昔の農業は機械化も省力化もまったくされていないからです。

田畑を作るところから考えるとわかります。まったくの荒野に田畑を作る場合、今でしたらダイナマイトで余分なものを吹っ飛ばしたり、ブルドーザーで荒地を整地することができます。ポンプで水を引くことも可能です。

しかし、昔はそういうわけにはいきません、全て人力だけでこなさなければなりません。田んぼを耕す場合も、今なら耕運機など便利な機械がいろいろありますが、昔はせいぜい鍬《くわ》があるだけで全て人力です。

さらに、これは意外と気づかない人が多いのですが、大変なのは草取りです。

実は農業というのは自然破壊なのです。もともと自然状態のところを無理やり整地して、他の植物や動物は一切入ってこられないようにして、人間にとって有用性のある植物だけ作るというのが農業です。

そこにたまたま他の草が生えてくると、それが自然の状態であるにもかかわらず、人間はそれを雑草と言います。もし植物に心があれば「なんで俺らが雑草なんだ」と言うでしょう。

自然の営みとして虫や鳥や獣が物を食べに来ても、人間はそれを害虫とか害獣と言います。

ところが今、我々が雑草とか害虫といったものをあまり深刻に考えずに済んでいるのは、実は農薬や除草剤があるからなのです。

最近は農薬とか除草剤というのは非常に嫌われ、悪の代名詞のように言われてますが、では、なぜそういうものがあるのかということを考えてみれば、わかるはずなのです。もし農薬も除草剤もなければ、手間が大変なのです。害虫は一々手で取り除かなければならないし、雑草も全部手で引っこ抜かなければならないからです。

ですから昔の農業というのは、女性や子供、そして老人にもできない重労働でした。その国の働き盛りの成年男子を張りつけておかなければ、農業生産を確保できなかったのです。

農業生産を疎《おろそ》かにすれば、その国は滅びてしまうのですから、実は昔は戦争はめったにできないものだったのです。農閑期、つまり農業が暇なときにしか戦争はできなかったのです。

春に種を蒔《ま》いて一生懸命育て、秋の台風シーズンの直前に刈り入れを済ませて初めて、戦争をすることができたのです。農業生産を確保した段階で初めて、戦争ができたということです。ですから私は、当時の戦争を「出稼ぎ戦争」と称しているのですが、農民兵士を使っている限り、戦争は農業が暇な時期にしかできないのです。

この出稼ぎ戦争の典型的な例が、信州・川中島の合戦です。川中島の合戦というのは、何度も行なわれているのですが、実はどれも刈り入れの後に行なわれています。しかも一方の上杉謙信の本拠地は越後という雪国ですから、雪が降り始めたらすぐに戻らないと国に帰れなくなってしまいます。戦場である信州・川中島というのも、以前冬季オリンピックが開かれたぐらいですから、当然雪が降ります。

つまり、川中島の合戦というのは、刈り入れが終わってから初雪が降るまでの極めて限定的な期間しか戦えなかったのです。だから決着がつかなかったのです。

確かに信玄も謙信も名将であることは否定しませんが、なぜ決定的な勝敗がつけられなかったのかというと、農業の片手間にやっていたからなのです。

●信長はいかにして農民を専門兵士にしたか

さらにもうひとつ問題なのは、たとえ戦争に勝ったとしても、兵の半分を失うような戦いでは勝ったとは言えないということです。なぜなら兵を半分失うということは、農業生産力が半減するのと同じことだからです。

これは言葉を換えれば、兵を消耗するような戦争は、普通の戦国大名にはできないということです。ではどうすればよいのでしょうか。

農民兵であることが問題ならば、専門兵士を作ればよいではないかと思うかもしれません。しかし、仮に武田信玄にそう言ったとしても、そんなバカなことはできないと答えたでしょう。なぜなら、成人男子を専門兵にしてしまえば、今度は誰が米を作るのかという問題が生じるからです。

ところが信長という人は、当時誰もできなかった専門兵士の育成を見事にやってのけたのです。彼は、農業以外の産業、たとえば商業や国内交易といったものを盛んにすることによって銭を稼ぎ、その銭によって兵士を雇ったのです。簡単に言うと、徴兵制《ちょうへいせい》から傭《よう》兵制《へいせい》へシステムの変換を行なったのです。

傭兵の利点は、兼業兵士ではないので一年中いつでも戦えるということがひとつ。もうひとつは、農業をやっていないので、いつでも移転できるということです。

武田信玄の軍は移転ができないのです。彼の軍の本隊は、彼の本国である甲州の百姓です。そのため、もし戦いに勝ち領土が広がったとしても、中核部隊は甲州を離れることができないのです。仮に京都まで遠征したとしても、農繁期になったら兵を本国に戻さなければいけないからです。

これが、戦国時代に京都に大名が常駐できない理由でした。

専門兵士の軍団を持っていない限り、都まで上っても、そこで常駐はできないのです。単に上洛するということであれば、上杉謙信のほうが織田信長より数年も前に上洛しています。しかし謙信は上洛はできても常駐はできません。常駐するためには、どうしても専門兵士を作ることが必要なのです。

●「城下町」は、信長が初めて作った

前節で信長の政策「楽市・楽座」について述べましたが、彼はこれに伴ってもうひとつ画期的な変革を実行しています。

信長は市をフリーマーケットにし、ショバ代や流通税のようなものを廃止しました。しかしいくらそういうものを廃止しても、信長の市に商人が集まらなければ意味がありません。商人はお客がいなければ、いくらショバ代は要らないと言っても集まりません。商人というのは、不特定多数の人間が集まる交通の便のよいところに行きたがるものです。

信長以前の権力者はこの問題にどう対応していたかというと、彼らは人を集めるために、定期的に決まった日に市を開くという方法をとっていました。たとえば、毎月五日は市の日とすると決め、その日には市を開くからみんな集まれと声をかけたということです。

四日市《よっかいち》（三重県）、五日市《いつかいち》（東京都）、十日町《とおかまち》（新潟県）といった地名が今もありますが、それらはそうした定期的な市が開かれていた名残なのです。

しかし、この方法には限界がありました。やはり寺社の主市場である門前町や宿場町、街道の交差点など、自然に人が集まる場所のほうが大きな商売になったからです。ならば、そういったもの以外で、不特定多数の人が集まり、商売になるような場所を築けばいい、そしてそこを楽市とすればいい、と信長は考えたのです。

彼がこの条件を満たすものとして作ったのが「城下町」でした。城下町というのも、基本的には信長以前にはありません。駿河《するが》の大名、今川義元《いまがわよしもと》という人は、当時百万石の実力を持っていたと言われ、彼が住んでいた駿府《すんぷ》には大きな館があり、館があるぐらいですから町もあったのですが、それは城下町とは言いません。なぜなら、彼の家来は全部地方に住んでいたからです。

これが信長以前の当たり前の状況でした。

前章の武士の興りのところでも述べましたが、武士というのは基本的には武装農民、つまり武装農場主です。彼らは農場を経営しているわけですから、自分の農場の真ん中に住んでいるのです。

彼らの苗字というのを見ればわかるのですが、苗字というのは、「苗」という文字からもわかるように、もともとはその人の農地の場所を示すものだったのです。

苗字と姓は別のものです。「姓」というのは、自分がどの血統に属しているかを表わしたものです。たとえば自分はもとを正せば清和《せいわ》天皇に繋がる源氏であるとか、平氏であるという言い方をします。これが姓です。

その源姓の某が、下野国《しもつけのくに》（現・栃木県）、足利庄《あしかがのしよう》というところに住むと、「足利」という苗字を名乗るのです。つまり足利氏というのは、下野国足利庄に住んでいたから源氏の一族でありながら「足利氏」というのです。

同様に、同じ源氏でも上野国《こうずけのくに》新田郡《にったごおり》に住んでいた人は「新田」という苗字を名乗ります。新田義貞などがそうです。

秀吉の家臣に蜂須賀小六《はちすかころく》という人がいますが、彼がなぜ「蜂須賀」と名乗ったのかというと、蜂須賀村に住んでいたからです。つまり、蜂須賀村に住んでいる小六という意味なのです。彼の場合は野武士《のぶし》（土地を所有していない武士）だったと言われていますから、土地を持っている人の苗字とは、厳密には少し違うのですが、自分の住んでいる場所の名を名乗るという点では同じです。

「いざ鎌倉」という言葉がありますが、これは鎌倉時代の御家人の基本的な心構えを説いた言葉で、もし鎌倉に何か大事件、つまり侵略や戦争などがあったら、鎌倉武士たるもの必ず鎌倉に駆けつけなければいけないという意味です。鎌倉に駆けつけなければいけないということは、裏を返せば、ほとんどの武士は普段は鎌倉にいないということです。

鎌倉にいないからこそ、「いざ鎌倉」という言葉ができたわけです。

ですから駿河の今川氏のように古い大名だと、殿様は確かに駿府の館に住んでいるのですが、家来たちはそれぞれの領地にいるのです。

それを信長は、「農業経営は弟や代官など誰か他の人に任せ、俺の家来ならば俺の城の周りに住め」と、自分の居城の近くに区画を割り当てて住まいを与え、常駐させたのです。

これ以降、お城の周りにはまず家来の武家町があり、次に足軽《あしがる》町があるという、「城下町」が作られるようになるのです。

一応、信長以前にも城下町の原型のようなものはあります。たとえば朝倉《あさくら》氏の一乗谷《いちじょうだに》（福井県）にあった足軽長屋のようなものです。しかしそれは防備を第一に考えられたものなので、谷間《たにあい》の非常に狭い土地に作られていました。ですから自ずと限界があり、「町」に発展するようなものではありませんでした。信長はそれを広い場所に作ることによって、「町」へと発展させたのです。

最初は岐阜《ぎふ》の山城で、その裾野に部下たちを住まわせています。そして安土《あづち》でも城の周りに配下の武将たちを住まわせています。

秀吉はそれを真似して、平地に大坂城を作り、その周りを武家屋敷で取り囲んだのです。そしてさらに家康もそれを真似するというかたちで、信長の遺産は受け継がれていったのです。

●加藤清正《かとうきよまさ》がイの一番で朝鮮に向かった理由

岐阜に最初の城下町を作ったころの信長の兵力は、多く見積もっても一万人ぐらいだと思います。この一万人という数字は成年男子の数です。成年男子には必ず家族がいますから、実際にはこの何倍もの人が城下町の住人となります。昔は子沢山ですから男子が妻帯者であれば、最低でも子供は二人はいるでしょう。独身だとしても親がいます。そうやって考えていくと、少なく見積もっても一万人の兵士を城の周りに住まわせると、四万から五万の人間が移住してくることになります。これはもう大都会です。

常時四、五万人の人間が住む都市は、それまでは京都以外にはほとんどありませんでした。あえて挙げるとすれば、貿易で栄えていた山口《やまぐち》や堺《さかい》ぐらいでしょう。そのごく少数しかなかった大都会を信長は人工的に作ったのです。大都市を作ってそこを楽市にすれば、おのずと商人は集まってきます。そういうことも信長は行なっているのです。

当時、岐阜の町を訪れた宣教師のルイス・フロイスは「まるでバビロンのような賑わいをしている」と言っています。信長のやったことは、それほど画期的なことだったのです。そしてそれは、信長の経済政策であると同時に、軍事政策でもあったということです。

商業の利をもって兵隊を雇い、戦争に行きたくないという人は百姓に専念させ、農業の生産性を上げさせました。これは後に定着する身分制度の原型と言えるのですが、彼はこのような方法で、それまでどの戦国大名も成し得なかった、生産性を高めながら専門兵士を持つということに初めて成功したのです。

しかし、これが問題だったのです。

先ほども触れましたが、戦争が終わったときに軍人の失業問題が起こるというのは、世界史の法則です。この問題は日本が日露戦争に勝利を収めた後ですら起きています。だからこそあの後、軍縮という問題が出てくるのです。

しかし、こうした問題が起きるのは専門兵士だからです。これがもし武田信玄が天下を取っていたとしたらどうでしょう。彼の兵は九割が百姓ですから、「ご苦労さん、君たちは農業に戻ってくれ」と言えば済んでしまうのです。

ですから専門兵士を作るということは、戦争をしている間はいいが、戦争が終わると戦争しか知らない人間が大量に余ってしまうということでもあるのです。

その典型的な例が加藤清正《かとうきよまさ》でした。

加藤清正は秀吉の遠縁にあたる人ですが、子供のころから武士になりたくて、秀吉の台所で飯を食べさせてもらうようなところからスタートしています。生まれたところは秀吉の生家と数百メートルしか離れていませんから、彼ももともとは百姓だったのでしょう。

生まれは百姓でも、子供のころから秀吉のところにいるのです、百姓仕事ができるわけがありません。彼にできることは戦争だけなのです。

その戦争しかできない人たちが、これからどんどん領地が増えると思っていた矢先に、秀吉が天下を統一してしまいました。天下を統一したということは、もう戦争はないということです。戦争がないということは、当然のこととして、給料も増えないし領地も増えないということです。

そんなときに秀吉が朝鮮征服を言い出したのです。

秀吉の言葉を正しく聞けば、彼は朝鮮半島を取ろうとは言っていません。彼が使っているのは「唐入《からい》り」という言葉です。唐入りというのは、中国を征服するということです。彼は日本にはもう土地はないが、「中国には何百万石もの領地があるじゃないか」と言ったのです。だからこそ加藤清正は喜んで朝鮮半島に、イの一番に乗り出していったのです。

・

ではなぜ、特に学者の先生方は、あの時期の多くの人が朝鮮侵略に反対していたと言うのでしょうか。

答えは簡単です。日本が戦争に負けたからです。

太平洋戦争のときもそうでしたが、戦争に負けた後はみんな「俺はあの戦争には反対だったんだ」と言うものなのです。

でも考えてみてください。戦争なんてみんながイケイケ状態だからやるのです。ですから敗戦後の言葉だけを取り上げて、民意は戦争反対だったと解釈するのはおかしいのです。秀吉の場合も同じです。

専門兵士を多数育成したために、少なく見積もっても一〇万人もの失業者が出てしまった。その一〇万人もの失業問題を解決するために、秀吉は彼らに新たな仕事、つまり朝鮮、中国に対する侵略という「仕事」を与えたのです。

●家康が考えた失業対策とは

しかし、秀吉の政策は失敗しました。

この失敗によって、ひとつのコンセンサスが生まれました。それはアレキサンダー大王が西インドまで行ったときと同じです。兵士の側からもう戦争はいやだ、これ以上戦いたくないという気分が起こってきたのです。

ここで登場するのが徳川家康です。

では家康は、この失業問題を解決するために何をしたのでしょうか。

彼が行なったのは、「職種の転換」でした。

これは江戸時代の武士は仕事として何をしているか、ということを考えるとわかります。彼らは基本的に戦争はしていません。では何をやっているのか。彼らの仕事は、帳簿をつけたり物産を管理したり、あるいはお城の宿直をしたりと、要するに事務職をしているのです。

つまり家康は武士の仕事内容を変換することで、失業問題を解決しようとしたのです。武士という職業は廃止しなかったけれど、これからは戦争ではなく事務職をするようにと、職種の転換をしたのです。

それは国鉄がJRになったときに、余った運転手をキヨスクの店員に配置転換したのとよく似ています。仕事のなくなった職種から別の職種に人員を移すことで失業問題の解決を図ったというわけです。

しかし、それだけで全ての失業問題が片づいたわけではありません。その後も浪人というかたちで問題は残ったのです。

このような視点から見ると、家康にとって大坂冬の陣、夏の陣というのは、もちろん豊臣家を滅ぼすための戦いであったことは確かですが、もうひとつ、浪人を減らすという目的も、彼の頭の中には絶対にあったと思われます。

大勢いた不逞《ふてい》浪人たちが豊臣家に集まっている、この機会に全部やっつけてしまえば、それでひとつ問題が解決する、というわけです。

秀吉の朝鮮出兵以降、戦争はもう嫌だというコンセンサスができたとはいっても、全ての人が新たな戦いの場を求めることを諦めたわけではありませんでした。

中国では、明が秀吉を討つために朝鮮を支援したことで国力が落ち、新興の満州族に政権を奪われていました（一六一六年）。そのため日本は、明の政権回復を目指した明の遺臣の鄭成功《ていせいこう》などから援軍要請を受けていたのです。おたくの国は非常に強い国なので、本土反攻をするのを助けてほしいと依頼が来たということです。

結果的に徳川幕府はこの頼みを断っているのですが、紀伊の徳川頼宣《よりのぶ》などは、この依頼に対し非常に積極的な態度を取っています。

なぜ頼宣が乗り気になったのかというと、それによって国内の浪人問題を解決できると考えたからです。

このように軍人の失業問題というのは、徳川時代に入ってもずっと残っていたのです。

●由井正雪《ゆいしょうせつ》の功績

徳川時代の初期に由井正雪の乱（一六五一年）というものが起きていますが、これも浪人問題が原因です。

徳川幕府というのは、それまで容赦なく大名を取り潰していました。武家諸法度《ぶけしょはっと》という憲法を作り、非常に厳しく適用しました。そのため、それに違反するものは外様《とざま》であろうが譜代《ふだい》大名であろうが、親藩《しんぱん》大名であっても、とにかく取り潰すということをしていたのです。

大名家を取り潰すということは、大量の浪人、つまり失業軍人を作るということでもありました。つまり幕府は武家諸法度を厳しく適用することで、浪人という社会不安の素《もと》を作り出してしまっていたのです。さらに問題を大きくしたのは、そういう人々が生きる道を求めて江戸に入ってこようとするのを追い返したことです。これは簡単に言えば、浪人は死ねということと同じです。徳川幕府はそれを政策として行なったのです。

だから由井正雪は怒って、浪人たちを組織して幕府を倒そうとしたのです。これが由井正雪の乱です。彼の下に人が集まったのには、このような浪人問題があったのです。

由井正雪は江戸時代を通して極悪人の扱いを受けるのですが、彼のために弁護しておくと、彼が乱を起こしたおかげで、徳川幕府は大名取り潰し政策を緩めたのです。それは明らかな史実です。

たとえば、「末期養子《まつごようし》」というものを幕府が認めるようになったのも、由井正雪の乱以降のことです。それまでは大名が死んだときに後継ぎが決まっていなければ、お家は即刻取り潰しでした。どんな大大名であっても、取り潰しを免れることはできませんでした。

それに対し末期養子というのは、大名が死んだときに、とりあえず死なかったことにして養子の届けを先に出せば、それを認め、取り潰さないというものです。

たとえば、死ぬはずがないと思っていた二〇代の殿様が突然死んでしまったとします。それまでは、即刻お家はお取り潰しなのですが、実は生前にこの者を養子にするという届けを出していましたという形にして届け出れば、その養子相続を認める、つまりお家の存続を認めるということを始めたのです。

これはある意味、武家諸法度を緩めたということですが、わかりやすく言えば、社会不安の素となる浪人を作らないために、法律に抜け道を設けたということです。

●幕末に武士が戦《いくさ》の役に立たなかった理由

侍というのは本来は兵士です。その建て前は徳川時代も変わりません。しかし、実は幕府は、彼らに「もう兵士の仕事はしなくていい」と陰に陽に言っていました。

こうした幕府の政策は、幕末には薬が効きすぎ、逆に侍が兵士として役に立たないという状態を招きます。我々は侍というのは剣の達人であるべきだと思っていますが、実は江戸時代の中ごろには、すでにそんなことは求められていなかったのです。なぜなら戦争がないからです。

そうした侍たちの典型ともいえる、非常に面白い例がありますのでご紹介しましょう。

幕末、幕府の官吏に川路聖謨《かわじとしあきら》という人がいました。この人はもともと徳川の家来ではありましたが、非常に身分の低い家の生まれでした。ところが彼は大変に頭が良く、そろばんが優秀だったので、それを理由に勘定方《かんじょうがた》に取り立てられたのです。

勘定方というのは、今で言えば財務省の主計官のような役職です。どれほど名門の子弟であっても、そろばんができなければ話になりません。まさに実力による人事なのです。つまり彼は、国家財政の全てを見るようなポストに抜擢《ばってき》されるほど優秀な人材だったということです。

こうして川路聖謨は、非常に身分の低い家の出でありながら、旗本《はたもと》でもない一段下の御《ご》家人《けにん》から、そろばんが優秀だということだけで、最終的には勘定奉行にまで出世したのです。

川路聖謨は非常に克明な日記を残しているのですが、そこに次のようなエピソードが記されています。

勘定方に抜擢されたとき、非常に喜んだ彼は、これで自分もようやく一人前の武士になったと、槍と剣の道場に通い始めました。そんな彼に同僚が忠告したのです。「そんなこと止めなさい、もし手に怪我でもしてそろばんがはじけなくなったらどうするんだ。あなたに求められているのは、そんなことではないんだ」と。

それぐらい江戸時代の侍というのは、基本的には武術を求められていなかったということです。ですからテレビドラマでも、鬼平《おにへい》（これは実在の人物です）が「近頃の武士はナマクラになった」と嘆くのですが、それはナマクラになるような政策を幕府がとっていたからなのです。

その結果、黒船の時代になってくると、武士が兵士として役に立たないため、正規の武士ではないところから、剣術の優秀な者を取り立てるということをしています。それが新撰組です。旗本が武芸をやっていないため、百姓上がりでもよいからとにかく武芸の優秀な人間を取り立てたということです。新撰組が、最終的には旗本にまで取り立てられたのはそのためです。

幕府と対抗した長州の高杉晋作《たかすぎしんさく》が奇兵隊《きへいたい》を組織したのも同じ理由です。長年家禄《かろく》をむさぼっていた武士たちは、すっかり事務官僚化してしまい剣術がまったくできない。これでは戦士として役に立たないということで、武士以外の人々を引き上げて武士にしたというのが奇兵隊です。

幕末にこのような問題が生じたのも、もとを正せば江戸時代初頭において徳川家康が行なった職種転換が原因なのです。そういうことを見ても、歴史は繋がっているということがわかるのです。

ですから信長が専門兵士を育成し、それを受け継いだ秀吉が天下を統一したのですが、それによって、今度はその専門兵士が余ってしまったというのが、秀吉が朝鮮出兵を行なった原因だったということです。

小説などでは、秀吉が朝鮮出兵を行なったのは、子供を失った悲しみを紛《まぎ》らわすためだ、という話をよく目にします。秀吉の子は淀君《よどぎみ》が生んだ秀頼《ひでより》が有名ですが、ここで言う子供というのは、秀吉と淀君の間にできた第一子、鶴松《つるまつ》のことです。この鶴松は体が弱く、わずか三歳ぐらいで亡くなっています。

そういう思いがまったくなかったとは言い切れません。しかし、いかに大権力者であっても、それが周りから見てあまりにも無茶苦茶なものであれば、「殿ご乱心」ということで周囲が止めに入るはずです。しかし実際には、みんなついていっているのですから、それを望む土壌があったと考えるべきだと私は思います。

ちなみに、秀吉は愛児の死の悲しみを紛らわすために朝鮮出兵を行なったのだという話を最初にしたのは、実は林羅山《はやしらざん》という人です。彼は『豊臣秀吉譜』という公式の伝記を書いているのですが、その中でこの話を書いているのです。

林羅山という人は家康の御用学者であり、先ほど触れた鐘銘事件の際に「国家安康」の解釈をめぐり家康に知恵をつけたと言われている人物です。ですからこれは、明らかに徳川側に立った秀吉に対する悪口と考えるべきものなのです。そういうもので人間を判断してはいけないと私は思います。

《テーマ3》家康の政権固めと「徳川の平和」

●現在のキリスト教と当時のキリスト教

歴史を学ぶ場合に一番注意しなければいけないことは、現代の常識で物事を見てはならないということです。

たとえば、信長の宗教弾圧といわれている行為も、宗教団体ですら武器を持っていて、殺し合いをするのが当たり前だったという当時の常識を知らなければ、一方的な残虐行為に見えてしまいます。

徳川幕府のキリシタン弾圧、禁教令も同じです。

確かに徳川幕府は現象面だけを見れば、日本に来たキリスト教宣教師を皆殺しにしただけでなく、日本の中にかなりいた信者までも、最終的には島原の乱に追い込んで殺しています（一六三八年）。日本のキリスト教徒はこの後も「隠れキリシタン」として細々と命脈を保ちますが、幕府は島原の乱で根絶したと認識していました。

では、なぜ幕府はそれほどまで徹底してキリスト教を弾圧したのでしょうか。

現在我々は、どちらかというとキリスト教国と多く付き合っています。アメリカも、いろいろな宗教の人がいますが、基本的にはキリスト教国と言ってよいと思います。ヨーロッパもそうです。キリスト教文化のさまざまな優れた面にも触れているし、クリスマスなどは、今では日本人の生活行事のひとつとして融《と》けこんでいます。

そのため、教科書を読んだだけでは、まるで日本人が一方的に残虐性を示しているように思ってしまうのではないかと、私は危惧しています。

現在のキリスト教と当時のキリスト教は、違うのです。

当時のキリスト教というのは、とてつもなく戦闘的で野蛮なものだったのです。

当時世界を圧していたのは、イスパニア（後のスペイン）とポルトガルの二大強国です。後に、一時的ではありますが、スペインはポルトガルを併合しますので、スペインと言ってもよいと思うのですが、このスペインという国は、ずいぶんひどいことをやっているのです。

具体的に言いますと、アメリカ大陸に関する侵略がそのひとつです。

●スペインの世界進出がポルトガルより遅れた理由

アメリカ大陸が発見された経緯は、すでに述べましたが、もう少し詳しく前後の事情をお話ししましょう。

当時ポルトガル人とスペイン人は、貿易競争をしていました。そしてこれは、国の小さいポルトガルのほうが先んじていたのです。

これにはわけがあります。ポルトガルとスペインは同じくイベリア半島に位置する国です。そのイベリア半島の一角にグラナダという都市があるのですが、そのグラナダという都市は、実はヨーロッパにおけるイスラム教徒の最後の拠点だったのです。

イスラム教徒は、以前から盛んにイベリア半島に進出しており、キリスト教徒であるスペイン・ポルトガルと争っていました。

そのイスラム勢力を、ポルトガルはスペインより一足先に駆逐したのですが、スペインではグラナダというイスラム教徒の拠点が最後まで陥落しなかったため、スペインはイスラム勢との戦争に労力を取られ、貿易進出が遅れてしまったのです。

その間隙をぬうようにして、ポルトガル人は、特にインド方面での貿易を盛んに行ない、香料やコショウなどの香辛料、あるいはお茶などをどんどんヨーロッパ社会に運んでいったのです。

スペインがようやくグラナダを陥落させ、イベリア半島全土を制圧したのは一四九二年です。一四九二年というのは、ご記憶の方も多いと思いますが、もうひとつ重要な出来事のあった年として知られています。それはコロンブスが出航した年です。

実はこれは偶然ではありません。

スペインは、グラナダを陥落させたことによって、ようやく海外進出に目を向けることができるようになったからです。

コロンブスという名は実はラテン語読みです。彼はイタリア人ですから、本来はコロンボということになります。『刑事コロンボ』というドラマがありますが、主人公の刑事コロンボは名前からして、イタリア系移民という設定なのでしょう。

余談ですが、アメリカのイタリア系移民というのは、一足先に来たアングロサクソン系の移民に比べて差別されていたのです。そのため肉体労働者や、下級の仕事にしか就くことができませんでした。だから彼らはマフィアを作ったのです。

中にはジョー・ディマジオのように大リーグの名選手になった人もいますが、多くのイタリア移民はあまり良い職には就けませんでした。

ですから刑事コロンボというのは、そのあまり豊かではなかったイタリア系移民出身の刑事が、ボロボロのコートを着て、アメリカのエスタブリッシュメントを次々とやっつけていくという、そういう快感が込められた作品なのです。日本人にはその辺の事情がよくわからないのですが、そういう快感があった作品だからこそ、アメリカであれほどヒットしたのだと思います。

そのことはともかく、ジェノバの人コロンボは、以前からスペイン女王のイザベルに対してスポンサーになってくれるよう申し入れをしていたのです。

当時は科学的知識としては、地球は丸いということはわかっていました。しかし、実際にそのことを航海によって確かめた人はいませんでした。それに、ヨーロッパからギリシャ、アラビア半島を経由してインドに行くというルートはすでにポルトガル人が独占していたので、スペインが後からそこに参入しても、なかなか割込めないという事情もありました。

そこでコロンブスは、本当に地球が丸いのなら、ポルトガル人と逆の方向に行ってもインドにたどり着けるはずだとして、私はそれをやりたいからスポンサーになってほしいと申し入れていたのです。

　イザベル女王もコロンブスの申し出に魅力を感じていたのですが、グラナダの問題があったため、ずっと控えていたのです。ですからグラナダが陥落したのを受けてすぐに、それでは「あなたに任せます。やりなさい」ということで、彼に船団を与えたというわけです。

　そしてコロンブスは、旗艦サンタ・マリア号を含む三隻の船団で、ポルトガル人とは逆に向かい大西洋を横断したのです。

　彼らはこの航海で大陸に突き当たりました。それをインドと信じたコロンブスが、そこに住む人々をインディオ（インド人）と呼んだことは、すでに述べました。

●ピサロが平気で残虐行為を行なえた理由

　このコロンブスによる「新大陸」発見以後、十六世紀、つまり一五〇〇年代になると、ポルトガル人とスペイン人たちは、盛んにその航路を利用してそこに進出したのです。

　簡単に言えば、切り取り次第に植民地にしてしまったのです。

　彼らが新大陸を自分たちの植民地にしたのには、もちろん経済的欲望を満たすという目的もあったのですが、もうひとつ、これは私に言わせれば大変始末の悪いことなのですが、彼らはそうすることが「正義」だと信じていたという面があります。

つまり、キリスト教の考え方からすると、キリストが人類を救うために十字架にかけられ復活したというのは素晴らしい「福音《ふくいん》」なのです。福音というのは、素晴らしいニュースという意味ですから、それを全世界に広め、全世界をキリスト教徒にすることは、彼らにとって宗教上の「正義」なのです。

そこで当時のポルトガル・スペインは、ローマ法王庁に頼んで、地球を分割してしまいました。地球をスペインの取り分と、ポルトガルの取り分に分けてしまったのです。

これは「トルデシリャス条約」という有名な条約なのですが、「デマルカシオン」という観念的な分割線を地球上に設け、こちらはポルトガル領、こちらはスペイン領ということを取り決めたのです（一四九四年）。

ごく簡単に言えば、ポルトガルとスペインで世界の植民地獲得競争が始まったということです。現在の南北アメリカ大陸を思い浮かべていただければわかるのですが、北米は一番北がカナダで、真ん中がアメリカ合衆国、その南がメキシコです。このメキシコからスペインの文化圏に入っていることがわかります。メキシコは今でもスペイン語を話し、宗教はカトリックです。

南アメリカは、ブラジルだけはポルトガル語ですが、他のペルー、アルゼンチンといった国々は全てスペイン語を話し、宗教はカトリックを信仰しています。

彼ら先住民にも優れた先進文化はありました。それはマヤ文明、インカ文明、アステカ文明などですが、そういうものをキリスト教徒たちは全て滅ぼし、無理やりにスペイン語、あるいはポルトガル語を話し、カトリックを信仰する国に変えてしまったのです。

「無理やりに」と言うと誇張しているように聞こえるかもしれませんが、けっして誇張ではありません。たとえばスペイン人ピサロという男が、インカ帝国を滅ぼしたときのやり方などは、まさにその非道さを表わす典型例と言えるでしょう。

ピサロは、現地の王アタワルパに、キリスト教に改宗することを強制しています。しかし民族信仰を持つ彼は、ノーを貫きました。

そこでピサロは少数の部隊で王宮を襲い、アタワルパを人質に取りました。そして、これが非常に卑劣なのですが、アタワルパに対して「命が惜しければ国中におふれを出して金銀を集めろ、そうすればおまえの命は助けてやる」と言ったのです。

アタワルパはその言葉を信じて、国中から金銀を供出させました。

スペイン・ポルトガルによる世界二分割

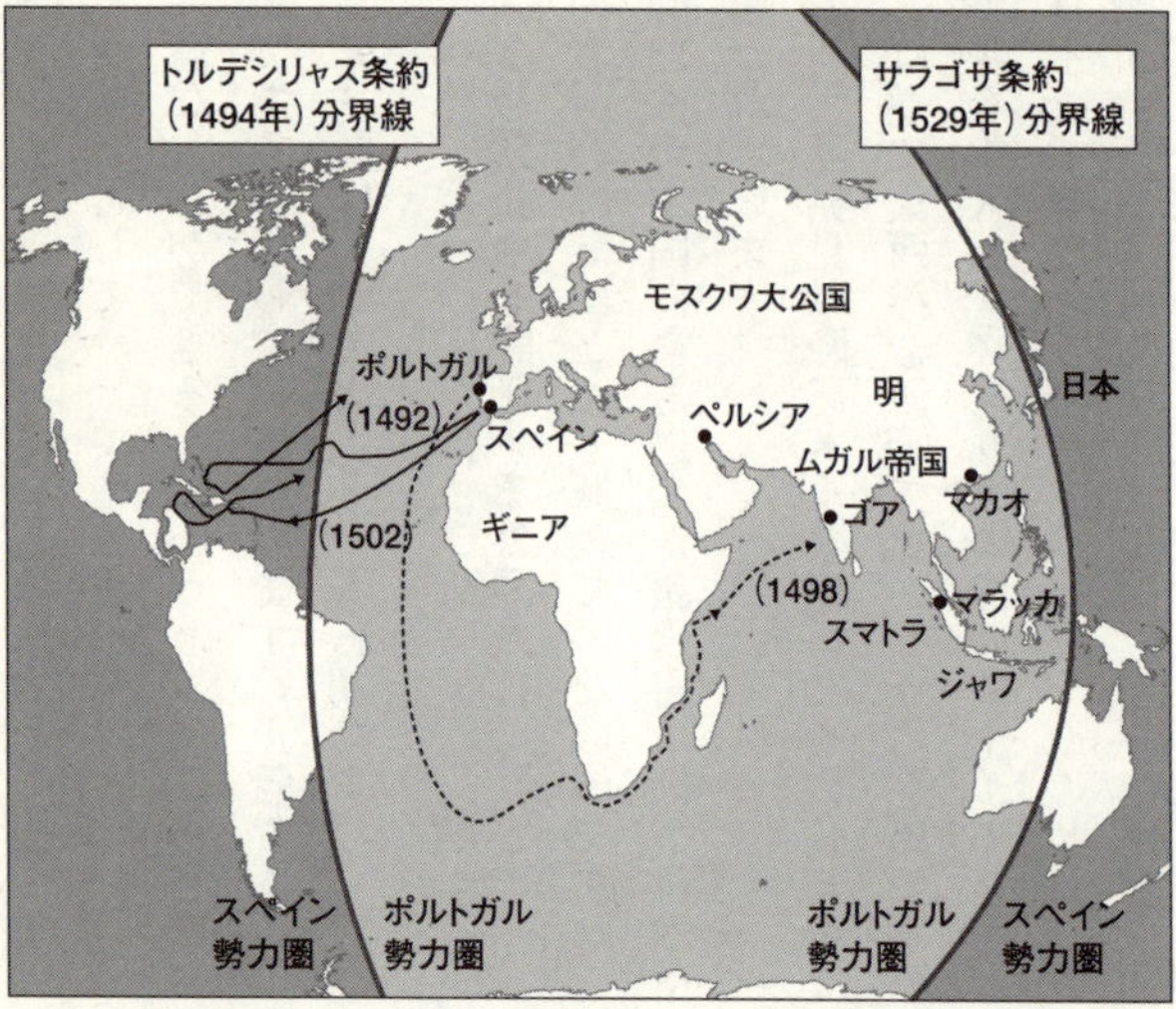

→ コロンブスの航路　--→ ヴァスコ＝ダ＝ガマの航路

トルデシリャス条約による分界線は、アフリカ西方の西経45度の子午線を基準に、サラゴサ条約による分界線は東経135度に定められた。この線は、まさに日本を真二つに分断することとなり、日本は両国の衝突地点となってしまった。

ところがスペイン人ピサロは、それを懐に入れた後、アタワルパを処刑してしまったのです。彼はそれを嬉々《きき》としてやっています。

なぜそんな残虐なことができるかというと、先ほども述べたように、キリスト教を布教することは正義であると信じているからです。正義である以上、先住民を殺しても、キリスト教を広めさえすればそれでよいというわけです。

●徳川のキリスト教禁止令を評価する外国人

これは日本の教科書にはほとんど載っていないのですが、当時日本に来たルイス・フロイスなど宣教師たちが本国に書き送った報告書には、日本や中国をいかにして征服するかということが書かれています。

コロンブスの新大陸発見以降、ポルトガルはインド方面にアフリカまわりで進出し、スペインはそれとは逆に大西洋を渡ってアメリカに進出しました。この西回りのルートは、後にはポルトガルも参入し、アメリカのほぼ全土がキリスト教化され、なおかつ太平洋を渡って彼らは日本まで来たのです。

つまり日本という国は、十六世紀から十七世紀にかけて、ちょうど信長から家康の時代にかけて、カトリック勢力が攻めてきたその最前線にあったというわけです。

当時の野蛮なキリスト教徒たちの考え方でいけば、その国をキリスト教化するためには、軍隊で攻めて、そして王を人質にして滅ぼしてしまうのが一番よいということになります。現にインカではその方法で成功しているわけですから。

そういう人たちが日本に来たキリスト教徒なのです。ですからこれを禁ずる、追い出す、あるいは宣教師が来たら処刑するというのは、私は当時の人々の考え方からすれば、決して間違ってはいなかったと思うのです。現に外国の学者でも、当時の徳川幕府が行なったキリスト教禁止令は、日本という国を守るためにはやむを得なかったのではないかと、評価する人もちゃんといるのです。

織田信長のとった宗教政策を考えるのに、今のお坊さんのイメージから、なぜ丸腰のお坊さんを殺したんだと考えることが的《まと》はずれであるのと同様に、家康のキリスト教対策においても、現在のキリスト教のイメージではなく、当時のキリスト教がどのようなものであったのか、正しく把握して臨むことが必要なのです。異教、異端、ローマ法王庁に逆らった見解を発表すると火あぶりにしたり、拷問にかけて殺していた、そういった野蛮な時代のキリスト教のイメージで考えなければいけないのです。

ちなみに、プロテスタントというのは、マルチン・ルターが始めたと言われていますが、これは厳密な意味では少し違います。

プロテスタントというのは、ローマ・カトリック教会の言っていることはおかしいじゃないかということで、抗議の声をあげた、つまりプロテストした人々のことです。

その始まりがマルチン・ルターだと言われているのですが、これはルターが最初ではありません。ルターは初めて抗議運動を組織することに成功した人なのです。

彼の以前に宗教改革者は何人もいたのです。しかし全て火あぶりにあったり、火あぶりにされなくても病死した後、墓を掘り返されて磔《はりつけ》にされたりしています。

そういう野蛮な時代のキリスト教徒が日本に来ていたのだということを考えれば、徳川幕府のキリスト教に対する厳しい弾圧というのも、政治上の措置としてはやむを得なかったのではないかと考えられるわけです。

●外から侵略されるおそれのなかった当時の日本

もし歴史の神がいるとしたら、徳川家康に与えられた使命というのは、やはり日本を平和な国として完成させるということだったと思います。

そして幸いにも、彼がトップに立ったときは、豊臣秀吉の大陸侵攻政策が大失敗に終わったことによって、もう戦争はしたくないというある程度のコンセンサスができていました。

徳川家康のとった平和維持政策は、政治面と文化面の二つに大別することができると思います。

まず政治面の話をしましょう。

家康という人は、子供のころから他家へ人質として預けられ、散々いじめられた後に苦労して天下を取った人ですから、基本的にものすごいリアリストです。

たとえば平和という課題を考えるにしても、今の日本人は言霊民族だから仕方がないのですが、皆で平和を祈ればよいんだとか、一人ひとりが平和を思えば、平和になるんだというような考え方をしますが、平和というのはそんなものではない、というのがリアリスト家康の考え方です。

彼は、平和を乱すものは何かということを、非常にシステム的に考えています。

そして、平和を乱すのは戦争であると答えが出ると、今度は戦争にはどんな種類があるかと考えていきます。戦争にはいろいろな分け方がありますが、彼は「海外からの侵略」

と「国内の乱」の二つに分けました。

そしてこのそれぞれに手を打っておけば大丈夫だと考えたのです。

戦争を二つに分けて考えたと述べましたが、実は海外からの侵略に関しては、家康はまったく心配していませんでした。

当時はまだ戦国時代が終わったばかりで、兵士は余っているし、最新の武器も持っていました。実際、少し前までは、こちらが隣国を侵略したぐらいです。

そんな日本を侵略し得る国家はどこかというと、朝鮮はとても無理で、せいぜい中国、つまり当時の明か、世界帝国であるスペイン・ポルトガルでしょう。

明は、秀吉に痛めつけられて、とても日本を攻めるような国力はないし、スペイン・ポルトガルは本国が遠く離れていますから、そこから攻めてくるには大船団が必要です。

当時の船は木造の帆船です。この帆船に、仮に三〇〇人乗れたとして（これでも多いぐらいなのですが）、彼らが攻め込んでいく日本には二〇万人もの兵隊がいるのです。そうすると、日本を攻略するために、一隻三〇〇人として何隻の軍艦が必要になるか、ということです。

しかもユーラシア大陸の反対端まで来なければならないのですから、これはもう不可能です。

昔の船というのは、何隻も沈没する中でようやく数隻が目的地にたどり着くという水準ですから、このようなことはとても無理な話なのです。

したがって、スペイン・ポルトガルの侵略というのは、心配しなくてよいという結論を家康は出したのです。

徳川家康は結局、大名というものを廃止せず、軍団のまま残しています。確かに侍の中身は事務職になってしまっているのですが、建て前としては、彼らはあくまでも軍団なのです。それは大名行列のときに武器を持って移動していることを見てもわかります。大名行列が泊まる場所を「本陣《ほんじん》」と言うのも、あれが軍団だからです。

鉄砲などは江戸に持ち込んではいけないことになっていましたが、参勤交代で武器を持つことは許されています。考えてみれば武器を持った兵隊が首府に入ってくるのを許しているわけですから、それぐらい臨戦体制だったとも言えます。

でも、軍団が健在だからこそ、逆に言うと海外からの侵略を心配する必要はなかったということが言えるのです。

●薩摩・長州対策に腐心した家康

問題は内乱のほうです。

内乱のほうは逆に、大名すべてが軍団なのですから、可能性は非常に高いと言えます。そのため徳川家康は、徹底的な内乱対策を考えています。

彼はまず内乱を起こす可能性のある大名はどこか、つまり、今で言う仮想敵国を設定しています。それはどこかというと、やはり関ヶ原の戦いで敗れ、不満を持っている大藩ということで、長州藩と薩摩藩です。

長州藩というのは、関ヶ原の戦いで西軍の総大将にまつりあげられた毛利《もうり》家です。毛利家は関ヶ原以前は一二〇万石だったのですが、負けたことによって、わずか三六万余石に押し込められてしまっています。

もうひとつの薩摩藩の島津家は、実は関ヶ原では戦っていないのですが、最後に無謀な敵地脱出を図ったため、多大な犠牲を出しています。そして本拠地に戻ってからも、家康が島津征伐を考えると徹底抗戦の構えを見せたほどの藩です。

この薩摩と長州が、徳川にとっての二大仮想敵国なのです。

ですから家康は、これらを徹底的に封じ込める方法を考えています。

仮想敵国・薩長に対する徳川の防衛網

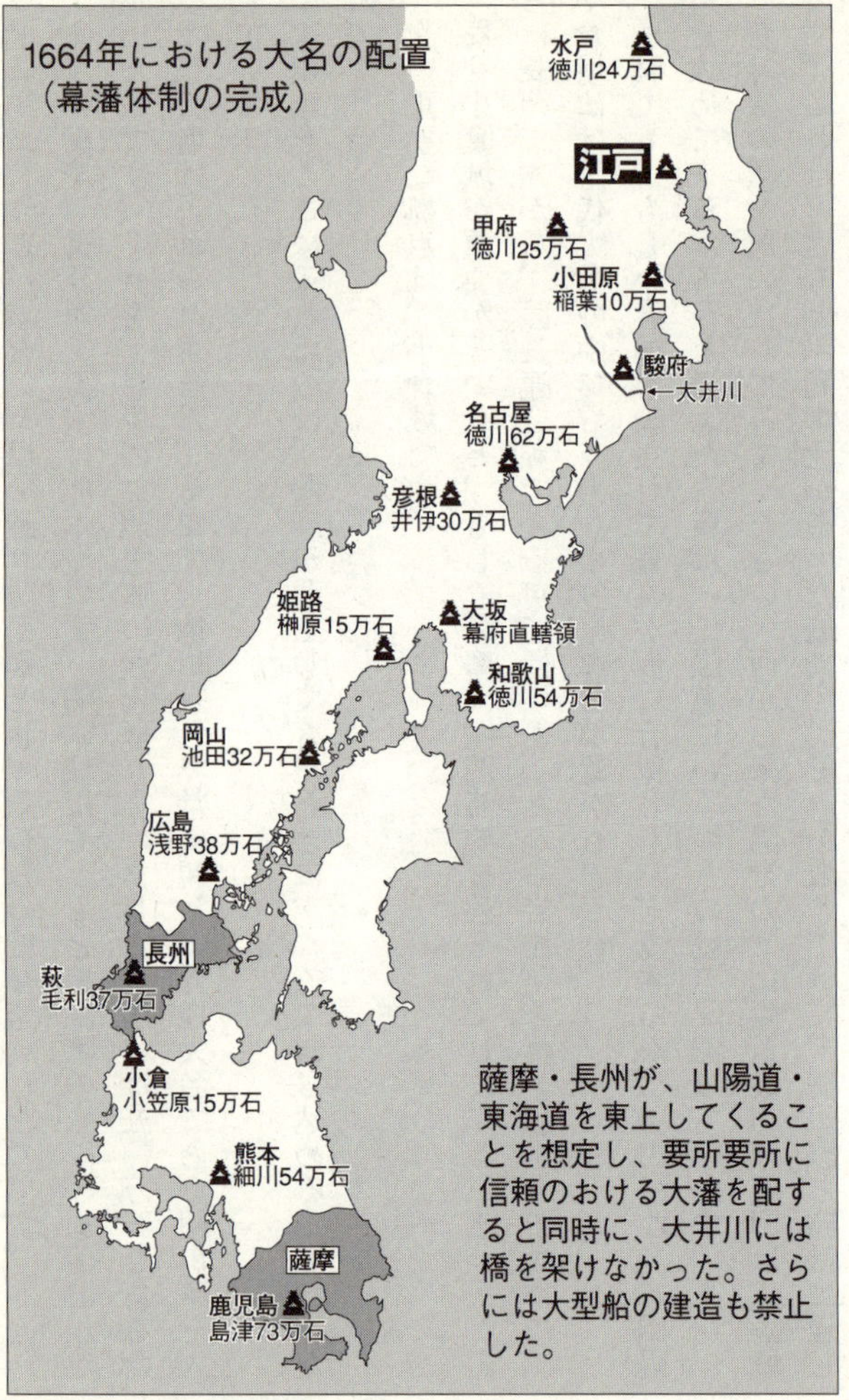
1664年における大名の配置
（幕藩体制の完成）
水戸
徳川24万石
江戸
甲府
徳川25万石
小田原
稲葉10万石
駿府
大井川
名古屋
徳川62万石
彦根
井伊30万石
姫路
榊原15万石
大坂
幕府直轄領
和歌山
徳川54万石
岡山
池田32万石
広島
浅野38万石
長州
萩
毛利37万石
小倉
小笠原15万石
熊本
細川54万石
薩摩
鹿児島
島津73万石
薩摩・長州が、山陽道・東海道を東上してくることを想定し、要所要所に信頼のおける大藩を配すると同時に、大井川には橋を架けなかった。さらには大型船の建造も禁止した。

具体的に言うと、城をいっぱい造り防衛網とし、それらの城を誇示したのです。

まず対薩摩、迎撃第一要塞は熊本城です。熊本城はもともと豊臣家の家臣、加藤清正が造った城です。それを、息子の加藤忠広《ただひろ》の代に取り上げました。熊本は五〇万石もあるので譜代大名は入れられません。そこで、徳川家と非常に親しい外様大名である細川家を入れています。

細川家をここに入れたのは、薩摩が北上してきたときに、ここで封じ込めるためだったのです。

次の重要な拠点は、小倉城《こくら》です。

なぜ小倉城が重要かというと、もしも薩摩に関門海峡を渡られてしまうと、渡ったところは長州ですから、薩長連合ができる可能性があったからです。それを阻止するために、小倉城には譜代大名の中でも有力な小笠原《おがさわら》などが置かれました。

それでも、もし小倉城が破られて薩長が仮に合体したらどうするか。強力になって山陽道を攻めて来るだろうと考えた家康は、山陽道にいくつもの城を配備しています。

新幹線の駅を思い出してみてください。西から来た場合の、山陽道最初の関門は広島城です。これはもともと毛利輝元《てるもと》が造った城です。それを取り上げて、徳川家と非常に親しい外様大名である浅野《あさの》家に与えています。ちなみに、赤穂浪士で有名な浅野内匠頭《あさのたくみのかみ》の赤穂《あこう》はここの分家です。

次は岡山です。岡山城にも徳川家と非常に親しい外様大名の池田《いけだ》家が置かれました。

そして姫路。姫路城は、テレビドラマ『暴れん坊将軍』のタイトルバックに出てくる城です。実際には、八代吉宗《よしむね》の時代には、江戸城の天守閣は存在していませんでした。天守閣というのは、有事の際の司令塔ですから、そんなものは平和な時代にいらないということで、大火で焼失した後、再建されなかったのです。しかしそれではテレビドラマとして格好悪いということで、映像では姫路城を使ったのです。

これは別の見方をすれば、姫路城というのは江戸城並みの巨大城砦だったということです。

●御三家《ごさんけ》でも水戸藩からは将軍継承者が出ない理由

姫路城を造ったのは、池田輝政《てるまさ》という大名です。しかし幕府は、この城も池田家から取り上げ、徳川の四天王と呼ばれる井伊《いい》、酒井《さかい》、榊原《さかきばら》、本多《ほんだ》のうち、本多と榊原を（これは時代によって違うのですが）、交替で置きました。

譜代大名というのは、大禄を与えないということになっていましたので、石高で言うと一〇万石程度しかありません。

一方、外様大名の最高は前田家の一〇〇万石、薩摩は七三万石、毛利でも三七万石ぐらいはあります。

榊原も本多も譜代大名ですから、本来は一〇万石程度の石高しかない大名にあれほど巨大な城砦を維持しろというのは大変なことなのですが、あえてそれをやっているのは、ここが非常に重要な拠点だからです。

もし仮に池田家や浅野家といった外様大名が薩長側についたとしても、この姫路城という大城郭がしっかりしていれば、ここでくい止めることができるからです。

その姫路城よりさらに大きいのが大坂城です。

現在再建されている大阪城は、実は秀吉の城を模したものなのですが、江戸時代の大坂城は、徳川政権が秀吉の大坂城を潰した後に、土盛りしてさらに巨大な城郭として建てた天下の巨城でした。しかも、ここには大名を置かず、大坂城は徳川幕府の直轄としたのです。ですから大坂城代という役職があり、江戸から派遣されていました。

さらにその大坂城のすぐ南には、和歌山が控えています。和歌山には御三家のひとつ、紀伊家がいます。御三家というのは、徳川家康が晩年に若い側室との間にもうけた、九男、一〇男、一一男の家の総称です。その御三家の中の一〇男をここに置いたのです。

そして万が一、この大坂も和歌山も突破して敵が東海道に出たらどうするのか。

東海道最初の砦は、同じ御三家のなかの九男、尾張が守る名古屋城です。

その名古屋城までも突破されたらというと、次は今の静岡県の真ん中を流れる大井川という川幅が広く流れの速い川をもって天然の防衛線としたのです。江戸時代、大井川に橋が架けられていなかったのは、このためなのです。

その先には徳川家康の隠居城であり、代々譜代大名の名門が封じられた駿府城があります。そしてさらにその先には箱根の関所があり、箱根の峠を降りると、天下の名城小田原城が待ち受けています。

しかもこの小田原城というのは、老中つまり譜代大名の名門が領主を務めていたのです。

これだけの城防衛網を突破して、初めて江戸城に到達できるわけですが、江戸城のすぐ先には、御三家の最後、水戸家があります。

しかも水戸藩主というのは、大名の中で唯一、江戸に常駐することが定められていたのです。これを「定府《じょうふ》の制」といいます。

他の大名は全て、参勤交代の義務があり、江戸と本国の間を往復しなければなりませんでした。しかし水戸家だけはずっと江戸にいたのです。

江戸時代の職制の中には、大老、老中というものはあっても、基本的に副将軍という職はありません。それなのに水戸家が「天下の副将軍」と呼ばれたのは、こうした水戸家の特権から見て、明らかに副将軍的な役割を果たしているからです。

つまり、水戸という領地があり、そこに兵隊もいるのに、水戸藩主を江戸に留めておくというのは、将軍に何か万一のことがあった場合に代理を務めさせるためだという意識があったということです。

その代わり、尾張と紀伊は大納言なのですが、水戸は中納言と一段格下なのです。

そのため本来この御三家は同格とされているのですが、実際に将軍家に何かあり、将軍継承者を御三家から選出する場合、水戸家は除外され、尾張家か紀伊家から選ばれるのです。

●「千人同心《せんにんどうしん》」はどうして生まれたのか

家康の対薩長政策は、これで終わりではありません。実は、江戸城が落ちた場合に逃げる場所まで用意されていたのです。

それはどこかというと甲府城です。

甲府城というのは、徳川時代の初期、忠臣蔵のころには老中柳沢吉保《やなぎさわよしやす》の領地だったこともあるのですが、基本的に江戸時代を通して甲府というのは幕府の直轄地でした。

ですから大坂城と同じように、甲府城にも甲府城代が江戸から派遣されていました。

ただし大坂と違っていたのは、江戸時代に旗本が大坂に行かされるというのは栄転を意味したのですが、甲府に行かされるというのは左遷を意味していたのです。行ったら戻ってこられないだろうということで、当時は、甲府城代を命じられることを「山流し」と称したといいます。

現在も東京と甲府を結ぶ中央線の沿線に、八王子という駅がありますが、この八王子には江戸時代「千人同心《せんにんどうしん》」というものがいました。これは屯田兵《とんでんへい》のようなものです。

徳川家康は本能寺の変ののち、ドサクサにまぎれて武田信玄の本国であった甲斐の国を領有しました。なぜかというと、徳川家康にとって信玄という人は敵ではあったのですが、非常に尊敬しており、信玄にあやかりたいと思っていたからです。

そこで信玄の家来であった優秀な甲州浪人を大勢雇い入れたのですが、当時の家康の力ではその全てを雇い入れることはできませんでした。そこで、選から漏れた人や下級兵士などに、禄はあげられないが、八王子の土地を与えるので、自分の食い扶持は自分で稼げということをしたのです。

そしてその代わり、将軍様にもしものことがあった場合には、これは将軍様が江戸から甲府へ逃げるようなことがあったらということなのですが、そのときには将軍をお守りするのだぞと言い含めたのです。これが千人同心です。

ついでに触れておきますと、家康が正規に雇い入れた甲州浪人たちはどうしたかというと、彼らの中の精鋭は徳川四天王のひとりである井伊家に預けられています。

井伊家の居城は琵琶湖のほとりの彦根城《ひこね》です。ここは京の都を守る重要な拠点でした。

これは意外と多くの人が気づいていないのですが、日本で軍隊のユニフォームを統一した大名というのは、実は武田信玄が最初なのです。

それ以前の律令の時代、大和朝廷自体が軍隊を持っていた時代は、兵は皆お仕着せの同じ服装をしていたと思いますが、それは国の軍隊であり、兵士はいわゆる公務員のようなものだったからそれでよかったのです。

平安時代の兵士が公務員なら、戦国時代の武士は、独立個人事業主のようなものなのです。戦国時代というのは個人個人が手柄を立てて、主君に認めてもらうという世界ですから、戦場で目立たなければなりません。ですから、足軽などは全部お仕着せの同じものを着ているのですが、一人前の武士になると、兜《かぶと》をできるだけ派手なものにしたり、あるいは旗指物《はたさしもの》に自分の家紋をつけたり、自分の馬印《うまじるし》を持ったり、目立つための様々な工夫をしていました。

つまり、主君にあいつは立派にやっているということをアピールするために、全員ばらばらの服装をしていたのです。

ところが武田家というのは、逆にそれを統一することで相手に圧迫感を与えたのです。しかもその色は真っ赤です。真っ赤な軍団がザーッと一斉に並んで攻めてくるのですから、それはもう恐怖です。

その怖さを体験していたからこそ、家康はそれを見習って、自らの部下に武田軍の兵士を預け、やり方を踏襲させたのです。

普通ならば、家康のほうが甲斐の国を占領したのですから、家康の流儀に従わせるはずなのですが、軍政だけは武田の軍法を取り入れたのです。

中でも武田の浪人を預かった井伊家では、武田軍に倣《なら》い、上級武士も下級武士もすべての鎧甲を真っ赤にしています。これが有名な井伊の「赤備《あかぞなえ》」です。

家康のやったことはまだあります。

この江戸から甲府へ向かう道には武州三多摩といわれる場所があります。今でも多摩という地名は残っていますが、この武州三多摩も天領、つまり直轄地なのです。

普通、江戸時代は押しなべて、大名というのは百姓階級が武芸を学ぶことを喜びません。それは百姓一揆《ひゃくしょういっき》などが起きたときに面倒だからです。

ところが、この武州三多摩に関してだけは、それが大目に見られていたのです。つまり、ハッキリと言ってはいないのですが、おまえたちは将軍様のお膝元の百姓なのだから、何かあったら将軍をお守りするように、という含みがあってのことだと考えられるのです。

そして実際に、この布石が江戸時代末期になって生きてきたのです。

というのも、この武州三多摩から、近藤勇《こんどういさみ》、土方歳三《ひじかたとしぞう》といった新撰組で活躍した者たちが現われたからです。

沖田総司《おきたそうじ》は白河藩士の息子ですから、もともと武士の出なのですが、近藤勇と土方歳三は、もとは武州三多摩の百姓です。同じく新撰組の井上源三郎《いのうえげんざぶろう》は千人同心の家の出です。

●家康は、なぜ朱子学を取り入れたのか

文化面では、家康は儒学、それも特に朱子学を導入しました。

家康というのは、もともと三河の土豪です。土豪ということは、氏素性《うじすじょう》のない家柄です。それを後にお金を積んで系図をうまくごまかして、徳川氏は源氏の嫡流《ちゃくりゅう》だということにしています。具体的に言いますと、新田義貞《にったよしさだ》の子孫だということにしたのです。これは嘘なのですが、新田義貞の子孫だから源氏の嫡流であって、源氏であるから征夷大将軍に任命される資格があるというかたちにしたのです。

そうして征夷大将軍としての立場を正当化したのですが、それだけでは不安でした。自分と同じことを、誰かがするかもしれないからです。現に家康は秀吉の天下を奪っているわけですから。ということは、同じことをやろうとするヤツが出てこないという保証は何もないわけです。

そこで徳川家は絶対の存在であるということを、何とかイデオロギー的にも確立したい

と望んだのです。そのために導入したのが「朱子学」だったのです。

朱子学というのは、主人に対して絶対の忠を説く学問です。もともとは中国の学問なのですが、これを日本に当てはめると、日本で一番偉いのは誰か、つまり日本の本来の主君は誰かという問題が出てきます。

日本の王は、天皇です。

なぜなら、朱子学では武力によって天下を取った者を王者とは呼ばないからです。武力で天下を取ったものは「覇王《はおう》」または「覇者」と呼びます。

覇者というのは、現在ではセ・リーグの覇者とか、ペナントレースの覇者と言うようにどちらかというと良い意味に使われることが多いのですが、本来の朱子学では悪い意味の言葉です。

それに対して「王者」というのは、徳をもって世の中を治めるものを意味します。

これはもともと中国の考え方なのですが、それを日本に当てはめると、徳川家はやはり王者とは言えません。徳川家は「覇者」です。

では日本の王者は誰かというと、天皇家しかないのです。

そこで徳川家は、天皇家への忠を説いた上で、自分はその天皇家の信を得て征夷大将軍に任命されているのだから、徳川の命令も絶対であるという理論を展開したのです。

実際には徳川家は、「禁中《きんちゅう》並《ならびに》公家《くげ》諸法度《しょはっと》」という法律を作り、天皇家をがんじがらめに縛って動けなくしているのですが、世間に対しては尊敬するようにと言ったのです。

これは、いきなり徳川家を王者と言うのは、さすがにはばかられるということで、古代から続く天皇家をクッションとして持ってきたということです。

そして、天皇家を尊敬する根拠として導入したのが朱子学でした。

要するに、世の中には王者といわれる人がいて、その人を尊敬し、忠義を尽くさなければいけない、それが人間として正しい道である。そして、我々徳川家はその尊敬すべき天皇様から征夷大将軍に任命され、政治の全権を委ねられているのだから、徳川に反逆するのは悪である、という考え方を植えつけたのです。

この朱子学の導入によって、薩長の反乱はさらに難しくなります。

なぜなら、ただでさえあれだけの城の包囲網があって動けないのに、万が一、江戸の真ん中で薩長が幕府に反旗をひるがえしたとしても、それは道徳上からみて「悪」とされてしまうからです。

これはとても重要です。道徳上も悪いとなると誰もついてこなくなるからです。

この朱子学による思想統一は、徳川家康一代で全て行なったというものではありませんが、その方向性を作ったのが彼であることは明らかです。

徳川家に対して反旗をひるがえす者をなくすというのは、この時代の常識から言えば、必ずしも徳川のエゴイズムとは言えません。徳川家が天下を治めている以上、徳川の安泰はイコール日本の平和であるからです。ということは、徳川政権の安泰を図るということは、単なるエゴイズムではなく、ある程度まともな考え方なのです。

《テーマ4》「生類憐《しょうるいあわれ》みの令」が出された本当の理由

●人を殺して誉《ほ》められる時代を、どう変えるか

ここまでをまとめると、徳川家康はこのように思っていたはずです。

「もし徳川家を攻め滅ぼすものがあるとすれば、それは薩摩か長州、あるいはその連合であろう。だからそれを封じ込めるために、徹底的に手を打った。

戦略上は城によって封じ込め、さらに道徳上でも徳川家に反抗することは、倫理的な悪であるという概念を植えつけるような方向性を作った。これがこの先、世の中の常識となっていけば、簡単には徳川に刃向かうことはできなくなる。これで大丈夫だ。徳川の世は安泰だ」と。

今考えても、家康の政策は完璧だと思います。

しかしそれは二六〇年後に崩されます。ではどうして崩れてしまったのかということに

なるのですが、それは後の章に譲るとして、その前に、もうひとつ触れておかなければいけないことがあります。それは江戸初期の最大の課題についてです。

江戸初期における最大の課題は、「平和を確立すること」です。

これは言葉で言うのは簡単ですが、その陰にはまず失業軍人をどうするかという重大な問題がありました。これに関しては、職種の転換ということで一応解決したのですが、実はもうひとつ、非常に難しい問題が残されていました。

それは「意識の転換」ということです。

「私は戦国時代というのは、「一億総ゴルゴ13《サーティーン》時代」だとよく言います。ゴルゴ13というのは、殺し屋です。殺し屋というのは、人を殺すと誉められてお金がもらえるという職業です。戦国時代というのは、まさにその世界なのです。敵を殺してその国を取ることによって出世をする。まさに人を殺して誉められ、お金がもらえるという世界なのです。

ところが平和な時代というのは、そういうことを一切やってはいけない世界です。

つまり、それまで人殺しを常識としてやってきた人間に、いきなりこれからは人を殺してはいけないと教えなければいけないのです。

しかし、人を殺せば誉められた時代の人間が、急に、これからは人を殺してはダメですよと言われても、すぐに改まるはずがありません。

今、私が説明したことを教科書では、「五代将軍綱吉の頃に日本は武断主義から文治主義に変わった」という趣旨のことを、ほんの二、三行で述べているに過ぎません。

武断主義というのは、何でもかんでも武力で押さえつける、逆らうヤツは殺すというやり方です。それに対し文治主義というのは、死刑などももちろんあるのですが、基本的には文化の力をもって、法律によって押さえていくというやり方です。

五代将軍のころから文治主義に変わったと教科書にはありますが、実際にはそう簡単には変わりませんでした。

江戸時代の初期というのは、明の遺臣鄭成功《ていせいこう》に対して紀州の殿様が援助しようとしたこともあったように、結構血なまぐさい事件が多いのです。荒木又右衛門《あらきまたえもん》の敵討《かたきう》ちや、大名、旗本奴《はたもとやっこ》と町奴《まちやっこ》の対立など、三代将軍家光《いえみつ》のころまでは喧嘩などがとても多いのです。

なぜ多いのかというと、戦争がなくなったからです。これまで人を殺すと誉められていた人たちが、急に人を殺してはいけないと言われ、その鬱憤《うっぷん》の晴らし場がなくなってしまったからなのです。世の中が変わっても、人の気質というのはすぐには変わりません。どうしても残ってしまうものなのです。

それを変換したのが、実は「生類憐《しょうるいあわれ》みの令」だったのです。

●「虫一匹殺しても許されない」時代への大転換

「生類憐みの令」というのは、実は、当時の人々の常識を大転換させるためのものなのです。

「これまでは人を殺せば誉められていたが、これからは犬一匹でも殺したら死刑だぞ」ということです。

さすがに死刑というのはやりすぎではないかと言う人もいます。確かにやりすぎのように見えます。

しかし、信長も治安を良くするために、同じような厳罰主義を施行したことがありました。それは「一銭切り」というものです。これはどういうものかというと、人から金品を盗んだら、たとえそれがたったの一銭だけであっても、切る（死刑にする）ということです。

無茶苦茶なやり方に思えますが、それまでは警察もなく、人から物を取るのが当たり前の時代だったということを思い出してください。治安なんていうもののない時代なのです。そんな中で治安を確立させるためには、たとえ一銭でも他人から盗んだら切られるという厳罰を科さなければ、人は意識の転換などしません。

この一銭切りの施行によって、信長の領内は治安が劇的に良くなったことからも、それは明らかです。だからこそ、みんなが信長を求めるようになったのです。そうした前例が事実としてあるのです。

現在シンガポールでゴミをポイ捨てすると、もの凄い額の罰金を取られます。タバコのポイ捨てでも高額な罰金が取られます。

これも厳罰主義です。

それはリー・クワン・ユウー（李光耀）という首相が行なった政策なのですが、なぜこのようなことをしたのかと言えば、それ以前のアジアの国というのは、汚い話ですがゴミや汚物、下手をすると糞便のようなものまで、そこら辺に捨てるのが当たり前という世界だったからです。

それを変えるためには厳罰しかないということで、リー・クワン・ユウーが実施し、劇的な成果をあげたのです。お陰で現在のシンガポールの公園は世界一きれいです。紙くずひとつ落ちていません。

ここで大事なのは、子供はそれを見て育つということです。そうしたものを幼いころから見て育った人間は、それが当たり前だと思うようになります。つまり、常識が書き換えられるということです。

ですから常識を劇的に変えるには、厳罰主義もやむを得ない部分があるのです。

ところが、時間が経ちそれが新たな常識になってしまうと、なぜ過去にそれほどまでの厳罰を科したのかということがわからなくなってしまいます。その結果、あまりにも厳しすぎるのではないかと、悪い面だけがクローズアップされてしまうのです。

「生類憐みの令」を象徴する有名な例を少し挙げましょう。

綱吉が虫一匹殺してはいけないと言っていたのに、あるとき小姓《こしょう》（お付きの若い家来）が、顔に蚊の死骸をつけたまま綱吉の前に出てしまうという失態をしました。

その小姓は宿直《とのい》をしていたときに、頬の上に蚊がとまり、痒《かゆ》いからとバシッと叩いて蚊を殺していたのです。そしてその死骸が頬についていたのに気づかず、そのまま綱吉の御前に出てしまったのです。

綱吉は怒りました。そして「俺がそういう事は一切ダメだと言っているのに、あてつけのように死骸をつけたままで出るとは何ごとだ」ということで、その小姓は遠島になってしまったのです。

確かに蚊を一匹殺しただけで遠島というのは、ものすごくひどい話です。それだけ聞いていると、とんでもない話に思えます。

他にも、子供が吹き矢でツバメを殺したため、死刑になったという話もあります。

ただこうした逸話の中には誇張もあると、私は思っています。

というのは、五代将軍の後を継いだ六代将軍が、自分がすばらしい将軍であることを強調するために、先代の政治はあまりにも行き過ぎであると悪口を言った可能性があるからです。

六代将軍家宣《いえのぶ》は綱吉の子供ではない上、ブレーンに新井白石《あらいはくせき》のような人が付いていましたから、彼の言い分を鵜呑《うの》みにはできないと思いますが、「生類憐みの令」が劇薬的な法律であったということは間違いないと思います。

●「常識」を変えるということの難しさ

「生類憐みの令」をよく読んでみると、次のような項目があります。

「病んだ馬は捨ててはならない」

これはどういうことかというと、以前は馬が病気になれば捨てていたということです。戦国時代というのは、効率第一の時代ですから、病んだ馬をいちいち看病しているという優しさを求められる状況ではないのです。だから捨てていたのだと思います。

さらに面白いのは、「宿で旅人が病人になった場合、それを追い出してはいけない」という項目があることです。これはそれまでの常識では、宿屋で病気になったら追い出されていたということです。

しかしこれもよく考えてみれば、効率第一に考えるならば、宿屋にとってその人間は病気になった時点で、宿代が取れるかどうか保証の限りではなくなるわけですから、追い出されても仕方のない面もあるのです。故郷からお金を取り寄せるというようなことも、治安の悪い戦国時代では現実的には不可能だったでしょう。

そう考えると、一番効率的な方法は、人情を無視すればですが、病気になった時点で追い出すということになるわけです。実際そういうことが行なわれていたのだと思います。

ところが江戸時代の中ごろになると、そういうことはなくなっています。

ではいつ変わったのかというと、この「生類憐みの令」からなのです。

ウイリアム・シェークスピアの作品『ジュリアス・シーザー』の中に、「人が死ぬや、その善事は墓と共に葬られ、悪事は千載《せんざい》の後まで名を残す」という有名な台詞《せりふ》がありま す。これはシーザーを弁護したアントニーの台詞なのですが、人間がやったよい行ないはすぐに忘れられてしまうが、悪いことはずっと残るという意味です。

これは必ずしも不人情という意味ではありません。よいことというのは、次の時代の常識になってしまうために、なぜそういうことが行なわれたのかという原点がわからなくなってしまうということなのです。

常識というのは、昔からあるものだと思ってしまうので、その常識が誰かによって変えられたということに、考えが及ばなくなるわけです。

そのため、たとえば信長で言えば、寺社勢力の武装解除というすばらしい業績、あるいは政教分離という業績。綱吉の例でいえば、本当の意味での平和主義への転換、という業績が忘れ去られてしまっているということです。

戦国時代というのは、警察がないため、みんなが武器を持ち、今の法律用語で言えば「自力救済」「自力解決」しか手段のない時代でした。

自力解決というのは、たとえば自分の娘が暴力団に誘拐されたときに、警察を頼まず自分で武器を持って殴り込みに行き娘を助けたり、あるいは別の暴力団を雇って娘を取り返してもらうということです。

こうした問題の解決方法は、今の法律では禁止されています。しかしそれは今の日本が法治国家であり、警察機構がしっかりしているからです。

法治国家でもなく、警察もない戦国時代には、自力救済しか方法はないのです。

戦国時代というのは、みんなが武器を持って自力救済していた時代でした。そして、だからこそ、それが高じて殺し合いになっていったのです。

そうした世の中を、まず最初に秀吉が武装解除（刀狩）という形で終わらせました。

しかし武器を取り上げても、人を殺してもよいじゃないかという考え方まではなかなか変わりません。そこで、次に綱吉が「生類憐みの令」によって、そうした意識を劇的に変えたのです。

そういう意味では、信長と綱吉も繫がっていると言えるのです。

歴史というのはまさに点と点の繫がりなのです。

本章の最初に申し上げたとおり、結果が原因となりまた次の結果を生む、その繰り返しで続いているのが歴史なのです。

4章 〈近代〉世界の中に取り込まれた日本

《テーマ1》 黒船来航が持つ本当の意味

●「黒船来航」は日本史三大事件の一つ

家康が行なったこの国の平和構築策は完璧なものでした。完璧なものだからこそ、俗に「徳川三百年の泰平」と言われるほど長い間、平和が続いたのです。

ところが、その平和が破られる出来事が起きます。「黒船」の出現です。

黒船に関する教科書の記述は、黒船が来て日本は大騒ぎになったとか、それ以後日本は変わったというだけで、なぜそんなに慌てたのかということには、まったく触れていません。これは教科書だけでなく、一般の歴史書でも同じです。

これもまた、歴史の流れをふまえていないからだと私は思います。

黒船というのは、実は日本史の中でいえば、三本の指に入るほどの大事件なのです。

たとえば、関ヶ原の戦いなどは、極端な話をすれば、どっちが勝とうと武士政権ということは変わらないわけです。

これは壬申《じんしん》の乱でも同じです。壬申の乱は天皇家の相続争いであって、どっちが勝っても天皇家が日本の主権者であるということは変わりません。

そういった意味で大きな変化と言えるのは、鎌倉幕府の成立などです。これは、日本を支配していた朝廷・公家が、武士に取って代わられたのですから大事件です。

明治維新もそうです。それまでずっと日本の政権を担当していた武家がそれを喪失し、天皇中心の政権が統括し、実質的には近代国家への道をたどったのですから、これも大事件です。

実はそれに匹敵するほどの大事件が「黒船来航」なのです。

確かに大事件かもしれないが、明治維新とかに比べればそれほどのことではないだろう、と、思っている人も多いのではないでしょうか。

でもこれは、本当に大事件なのです。

なぜなら、黒船来航によって、それまでの常識がまったく変わったからなのです。

黒船が来たのは嘉永《かえい》六年（一八五三年）です。それ以前の日本というのは、外国からの侵略に関しては、実は世界一と言ってもよいくらい安全な国だったのです。

なぜなら、日本は海に囲まれているからです。

海に囲まれているとなぜ安全なのかというと、隣りの中国と比べてみればよくわかります。

世界史の中にはいろいろなライバル関係がありますが、大きなライバル関係のひとつに、遊牧民族対農耕民族の関係があります。

農耕民族は田畑を耕していますから、基本的に定住します。

それに対し遊牧民族は、家畜の都合にあわせて移動します。それは軍事的に見れば、機動性があるということです。

機動性のある遊牧民族からすれば、定住して動かない農耕民族は、格好の獲物《えもの》でした。

農耕民族には、略奪しにくる遊牧民族に対抗する手段はほとんどありません。

そこで、遊牧民族の攻撃に散々悩まされた農耕民族は、自衛策として「万里の長城」を作ったのです。

万里の長城とは何かというと、遊牧民族に対する防壁なのです。

現存する万里の長城は、明の時代に作られたものなので、かなり立派なものですが、始皇帝の時代に作られたものは、もっと低くて単純な構造だったと言われています。要は馬が飛び越えられなければ、それでいいからです。

遊牧民族の恐ろしさの正体は、相手が騎兵だということです。騎兵というのは、近代以前における最も強い兵士でした。

日本でも鎌倉武士というのは、基本的に騎兵です。歩兵は地べたを歩いているだけですから、機動力もないし、破壊力もありません。しかし騎兵は、馬に乗って突進してくるのですから、かなりの破壊力があります。ですから騎兵は、近代以前における最強の兵種なのです。後に近代に近くなると、砲兵や、足軽鉄砲隊なども現われますが、基本的には騎兵が最強だと言って間違いないでしょう。

その騎兵が攻めてこられないように、中国人は万里の長城を作り、なおかつ都市を全部城壁で囲ったのです。「城」という漢字の本来の意味は、「城壁」ということです。

奈良朝の時代に日本を訪れた中国人が、日本の都市を見て最も驚いたのは、日本の都市には城壁がないということでした。都市というのは、物資の集積地です。お金もあるし、人もいます。昔は女子供をさらって奴隷にしたり、男を労働力として奴隷にするということもありましたから、人も資源なのです。そういう資源が集まっている場所が都市なのです。

物資が集中しているということは、それだけ略奪の危険も高いということです。だからこそ、街を城壁で覆ったのです。

これは中国に限ったことではありません。中近東でもどこでも世界の常識でした。世界中で城壁都市がなかったのは、日本ぐらいだと言っても過言ではありません。

ではなぜ日本は安全だったのでしょう。

答えは、海があるからです。海があるために騎兵が攻めてこられないからです。

●なぜ日本は、それまで世界一安全な国だったのか

日本が海外から大侵略を受けたことが、たった一度だけあります。それはモンゴル族が騎兵の力によってユーラシア大陸をほぼ席巻し、元《げん》王朝を樹立し、朝鮮半島もその制圧下に置かれ、その矛先《ほこさき》がついに日本にまで向けられたときのことです。いわゆる「元寇《げんこう》」です。

あのときなぜ我々日本人の先祖が、世界最強のモンゴル軍を撃退できたのでしょうか。

まず基本的事実から言いますと、日本に来たのはモンゴル軍だけではありません。元に征服された高麗《こうらい》（朝鮮）の軍と、元に滅ぼされた中国南宋《なんそう》の軍も入っていました。しかも彼らは騎兵ではありませんでした。彼らは騎兵で攻めてくることはできなかったのです。なぜなら、朝鮮半島と日本の間には深い海があるからです。

騎兵というのは、基本的に一人一馬《ひとりいちば》ではありません。

なぜなら、いやな言い方ですが、馬は消耗品だからです。戦いになれば、馬は敵の矢にあたって倒れたり、足をくじいたり、疲れたりします。もし砂漠の真ん中で戦っているときに、一人一馬だったらどうなるでしょう。馬がやられたら、その兵隊は死ぬしかなくなってしまいます。

ですから基本的に騎兵というのは、乗り換え用の馬を持っているものなのです。モンゴルでは、一人あたり五頭の馬を持っていたと言われています。

ここでは仮に、兵士一人当たり三頭の馬が必要だったとしましょう。

海があるということは、たとえば一万人の騎兵を送る場合、三万頭の馬を輸送しなければならないということです。馬は乗って移動するのは簡単です。だからモンゴル軍はヨーロッパまで行けたのです。

しかし馬というのは大変デリケートな動物なので、何か乗り物に乗せて運ぶのはとても難しいのです。現在でも競走馬の輸送などは、非常に神経を使うと言われています。ですから、船に乗せて運ぶのは、暴れるし非常に大変なのです。それに、何百頭もの馬が乗せられるようなタンカーのような船を造ること自体、当時は不可能です。

さらにもうひとつ問題があるのは、馬の飼料の確保です。ユーラシア大陸を移動する場合は、そこここに草原がありますから馬のエサのことで悩む必要はありません。しかし海の上では、現地で確保するというわけにはいきません。

ですから日本に来たモンゴル兵というのは、大将クラスがかろうじて馬に乗っているぐらいで、ほとんどの兵は馬に乗っていなかったのです。

モンゴルは世界を騎兵の力で席巻《せっけん》したのに、日本に対してだけは騎兵を使えなかった、だから日本は勝てたのです。

迎え撃つ日本の鎌倉武士は、基本的に騎兵です。

日本では武田騎馬隊が有名ですが、厳密にはこれは騎兵隊ではありません。なぜなら正式な騎兵隊というのは、一番下級の兵士、つまり一兵卒に至るまで全員が馬に乗っていないと騎兵隊とは言わないからです。

日本の武田騎馬隊は、上級武士は馬に乗っていますが、下級武士は歩兵です。これを足軽と言ったのですが、なぜ足軽なのかというと、馬に乗っている主人について走るので、足が軽い、つまり足が速くないと勤《つと》まらないからです。

武田騎馬隊は、基本的には騎兵と歩兵の混成軍なので、機動力はありません。歩兵のスピード以上では動けないし、彼らを置いていくわけにはいかないからです。ただし、戦場に到着すれば、騎兵の破壊力は使えます。ですから、半騎兵と言っていいでしょう。鎌倉武士も、上級武士が馬に乗っていて下級武士が地べたを走っている、という意味では武田騎馬隊と同じです。

しかし迎え撃つ側としては、それで充分でした。世界最強のモンゴル軍といえど、向こうは得意技の騎兵戦法が使えないのです、それに対しこちらは騎兵が使えるということで勝てたのです。

今述べたことをまとめると、要するに日本はなぜ安全だったかというと、近代以前の最強の兵士である騎兵が、日本が海に囲まれているために攻めてこられないからです。だから日本は世界一安全な国家と言うことができたのです。

●黒船と信長の鉄甲船との違いとは

ところが黒船の登場が、この常識を一八〇度変えてしまったのです。

黒船とは何かと言いますと、船舶上の分類で言えば「軍艦」です。有名なペリーの黒船はアメリカ海軍所属ですが、他の黒船も全てフランス海軍、あるいはイギリス海軍所属の軍艦なのです。

さらに、機能的に言うと、黒船というのは蒸気機関で動く、「蒸気船」です。蒸気機関というのは、人類史上最大の発明のひとつで、この蒸気機関を使うことによって、人間世界は大きく変化しました。

たとえば陸上では蒸気機関車によって、膨大な荷物を動かせるようになりました。海の上ではもともと浮力があるので、さらに大きな推進力が得られます。その結果、巨大な戦艦が造れるようになりました。

十五、六世紀に世界を席巻したスペイン・ポルトガルの戦艦は、全て木造の帆船でした。

なぜ帆船かというと、エンジンがないからです。帆船は風力で動くしかないため、多くの人間も積めないし、重い大砲も積めません。

もうひとつ、蒸気船が有利なのは、強大な推進力があるため鉄船にすることができたということです。鉄船は防御力が格段に高くなります。

実は世界で一番初めに鉄張りの戦艦を造ったのは、日本の織田信長らしいのですが、その船には、機動力というものがまったく備わっていませんでした。

信長が鉄張りの戦艦を造ったのは、敵である毛利《もうり》方の村上水軍が、火薬を束にして作った、今で言う焼夷弾《しょういだん》のようなものを用いて、木造の帆船を燃え上がらせる技術を持っていたからです。

当時、村上水軍は本願寺の依頼により、大坂の石山本願寺に物資を補給していました。それがある限り石山本願寺は落ちないということで、信長は船団を構え、補給地で村上水軍を待ち伏せしたのですが、逆に村上水軍の火攻めにやられてしまったのです。

そこで火に強い船を造るということで鉄甲船を造ったのです。しかしそれは木造の船に鉄板を張り付けただけのものにすぎませんでした。しかも帆船でもない、手漕ぎの船ですから、外洋を移動することは不可能だったのです。

だから朝鮮出兵の際にも使われていないのです。

ところが黒船は違います。

鉄張りで巨大な大砲を積める上、人員もたくさん積めるという、まさに「動く砲台」なのです。

黒船以前、日本は海に囲まれているから、世界一安全な国でした。それが黒船以降は、海に囲まれているから世界一危険な国になってしまったのです。黒船さえあれば、どこからでも日本を攻めることができるからです。

これでは陸続きのほうがまだましです。

かつて朝鮮半島は中国と陸続きだったために散々やられてきました。黒船以前は、陸続きだということは、文化の輸入という面では有利でも、防衛上は不利だったのです。

●西郷はなぜ、陸路で攻め上がろうとしたのか

日本が世界一危険な国になったということは、外国からの侵略の脅威だけではありませんでした。国内的にも危険な国になってしまったのです。

どういうことかというと、先ほど述べた徳川家康の江戸防衛計画には、実は基本的な大前提がひとつあったのです。それは敵が攻めてくるとしたら、全て陸路で攻めてくるということでした。

江戸時代には、大量の人員を運べる船はありません。そのうえ木造帆船であっても巨大な船を造ることは禁止されていたのです。

ですから海路からの侵攻は絶対にないものと考えていたのですが、黒船の出現によって、山陽道にいくら立派な城を造っても、それは無意味になってしまったのです。山陽道を攻めてくる必要がなくなったからです。

つまり、徳川家康の考えたことが、技術革新によって無意味になってしまったのです。家康はあくまでも十六世紀の常識で、防衛策を構築しています。しかし十六世紀の常識は十九世紀の常識ではないのです。

ちなみに、これよりも少し先のことですが、明治維新がなった後に不平士族が西郷隆盛《さいごうたかもり》を担《かつ》ぎ上げて、西南戦争を起こします。その際、西郷は上京して天皇に物申したいと言い、なぜか陸路を通って、まず熊本城を攻めるのです。

しかし、当然のごとく熊本城は落ちません。大砲でも持っていればまた話は違っていたのでしょうが、侍が人力だけで落とそうと思っても、江戸時代の武装では落ちるはずがありません。結局、西郷は敗退し、鹿児島の城山《しろやま》に戻って自害します。

それを見ていた板垣退助《いたがきたいすけ》は、「西郷兵を知らず」と言っています。板垣退助というのは明治の自由民権運動家として有名ですが、軍人としても非常に優秀な人でした。つまり板垣は、「西郷隆盛は何をやってるんだ、なぜ陸路を行ったんだ。しかも熊本城なんか攻める必要ないじゃないか」と言っているのです。

天皇に言いたいことがあるのなら、汽船をチャーターして直接大阪ぐらいまで行けばよいのです。熊本城を攻める必要はどこにもありません。追撃してきたら、そのとき初めて戦えばいいのです。

では西郷はなぜそれをやらなかったのでしょうか。西郷隆盛という人は、維新を潜り抜けて幕府と戦ってきた人です。その彼が兵を知らないわけがありません。

私は、西郷には初めから勝つ気などなかったのだと思います。

一種の集団心中のようなものです。不平士族を連れて、俺と一緒に死んでくれという思いで西郷は戦ったのではないでしょうか。

●家康が導入した朱子学《しゅしがく》が、幕府の首を締めるという皮肉

とにかく、黒船の出現によって、日本は世界一危険な国家になってしまいました。

このままでは日本は外国に食い物にされてしまう。何とかして国を変えなければいけな

い。ではどのように変えればいいのかというときに、実は徳川家康が蒔《ま》いたもうひとつの種が、全然別の実りを、徳川家康が予想もしなかった実りを結んでいたのです。

その「もうひとつの種」とは、朱子学でした。

朱子学ではまず王者としての天皇を尊びます。そして、その天皇から政治を委任されているのだからという理由で将軍家を権威づけし、将軍家に反逆することは許されないことだとする理論構造を持っていました。

徳川家康以降、この理論は着実に浸透していきました。

ところが、黒船来航という予想もしなかった事態に、幕府は慌てふためいてしまったのです。正確には予想もしなかった事態ではないのですが、幕府の対応は非常に拙《つたな》いものでした。

幕府の情けない姿に、もしも将軍家が日本を防衛することができないのならば、日本の正統な王者である天皇を立てればいいではないか、と考える人たちが現われてきたのです。

つまり、将軍家と天皇家がもし対立するようなことがあれば、天皇のほうが偉いのだから、天皇家の味方をして将軍家を潰《つぶ》せばいいということになってしまったのです。

これが「勤皇思想《きんのう》」です。「勤皇」というのは、もともとは中国の「尊王《そんのう》」という思想からきたものでした。今は日本では「尊皇」という字を用いますが、当時はまだ外来思想ですから「尊王」という言葉を使っていました。

尊王というのは、王者を尊ぶということですが、ではその王者とは誰かというと、日本の場合「天皇」になるわけです。

それともうひとつ、これも朱子学の思想ですが「攘夷《じょうい》」というものがあります。

攘夷というのは中華思想と結びついたものです。中華思想というのは、この世の中で中華、つまり中国の文明こそが最高であり、それ以外は全部野蛮であるという思想です。ですから中国では周辺異民族を、北狄《ほくてき》、西戎《せいじゅう》、南蛮《なんばん》、東夷《とうい》といった蔑称で呼んだのです。

そして、そういった野蛮人が侵入してきたら、打ち払わなければいけないというのが、「攘夷」です。つまり攘夷というのは、野蛮人である夷狄《いてき》を打ち払うという意味なのです。

江戸時代の朱子学者たちは、こうした中華思想を学ぶうちに、むしろ日本こそ中国であると考えるようになりました。この場合の「中国」というのは、国の名称ではなく文明の中心地という意味です。

これは江戸時代初期の陽明学者、熊沢蕃山《くまざわばんざん》などが言い出したことなのですが、万世一系の日本の天皇こそ世界で最も正しい王者である、だから日本こそ中国（真の文明国）であるというわけです。

これにより日本は「尊王」の上に「攘夷」もしなければならないということになってきたのです。

黒船が浦賀に現われたのは一八五三年、このときアメリカにさんざん脅かされた徳川幕府は、翌年開国してしまいます。しかし、そのことについて天皇の許可は得ていませんでした。

江戸時代の初期、幕府は天皇を無視して政治を行なっていました。あまりにも幕府が天皇をないがしろにしたため、天皇が怒って退位してしまうということまで実際に起こっているのです。しかし、だからといって将軍家を批判する人はいませんでした。

ところが、家康が朱子学の種を蒔いたことによって、天皇を尊敬すべしという国論ができてしまったのです。

本来ならば、将軍家は天皇から政治を委任されているのですから、勝手に開国してもいいはずなのです。鎖国も、天皇家の許可を得てやったわけではありませんから。それが朱子学が浸透したために、天皇の許可を得ないとはなにごとだ、ということになってしまったのです。

また、当時の孝明《こうめい》天皇は徹底的な外国嫌いで、攘夷こそ正義だと思っていたものですから、将軍家のやり方をあからさまに批判しました。これが攘夷論者にとっては追い風となり、徳川家はおかしい、本来なら尊皇であり攘夷であるべきなのに、両方ともやっていない、こんなものは潰すべきだという「討幕運動」にまで発展していったのです。

つまり、家康が徳川家安泰のために導入した哲学が、自分たちの首を締める原因になってしまったという、実に皮肉な結果を招いたのです。

《テーマ2》尊皇攘夷論《そんのうじょうい》はなぜ変質したか

●江戸時代の身分制度を崩壊させた思想とは

江戸時代というのは身分社会です。身分社会というのは、今の我々にはなかなか実感のわかない世界ですが、無作為で一〇〇人を抽出した場合、その一〇〇人に一番から一〇〇番まで順位がつけられるという社会です。

同格と言われていた御三家にも、実際には格の違いがあります。仮に同格の大名であったとしても「長幼の序」というものがあります。簡単に言えば、どちらが年長者かということです。生年月日まで同じという人はめったにないので、序列が決まります。

その他にも、武士であっても旗本か御家人かという差もあります。

たとえば土佐藩などでは、武士と郷士《ごうし》という身分の違いがありました。武士は、正式な藩士で主君から扶持《ふち》（給与）をもらっている人です。一方、郷士というのは、苗字帯刀が許される武士身分ではあるのですが、家禄《かろく》はもらっていないので正式な藩士ではありません、彼らは畑を耕したり、商売をすることによって自分の食い扶持を稼いでいるのです。ご存じのとおり、坂本龍馬《さかもとりょうま》は郷士の出でした。身分は当然、藩士のほうが上です。

江戸時代の身分制度というと、私たちは「士農工商」しか知りませんが、実際にはそれぞれの枠の中で、さらに細分化されているのです。つまり、士にもいろいろあるし、農にもいろいろあるということです。だから、一番から一〇〇番まで順位がつけられるのです。こうした身分制度は、日本では常識でした。

ところが、外国にはそうした身分制度がないということを、日本の先覚者たち、具体的に言えば島津斉彬《しまづなりあきら》や勝海舟《かつかいしゅう》といった人たちは知ったのです。そういう人たちの中から育ってきたのが、天皇という至高の存在の前では、将軍であろうと一百姓であろうと、天皇の家来ということでは平等ではないか、という考え方でした。

これを「一君万民主義《いっくんばんみんしゅぎ》」と言います。

これは後の話ですが、この考え方が最終的に確立されるのが「版籍奉還《はんせきほうかん》」です。

版籍奉還と廃藩置県を混同する人がいますが、「廃藩置県」というのは、形式上単に藩を廃し県とするだけですが、「版籍奉還」というのは、土地の主君である大名が自分の領土と人民（家来を含む）を天皇にお返しするということです。

どういうことかというと、それまでは、たとえば薩摩藩であれば、殿様は島津さんであり西郷隆盛はその島津さんの家来であるというように序列は揺るぎなきものでした。ところが、版籍奉還をしたことによって、島津の殿様も西郷隆盛も身分の上下なく、等しく天皇の家来になってしまうということです。つまり、平等になるということです。

このように、幕末に生まれた一君万民主義が、明治の版籍奉還にまで繫がっているのです。

版籍奉還については、保守的な殿様の中には、家来のおまえと俺がなぜ同格なのかということで、怒った人もいたと言いますが、そうしたものを乗り越えたからこそ明治維新は成就したのだと思います。

民主主義の基本は平等ということです。その平等を達成するには、いろいろなやり方があります。西洋にはキリスト教がありますから、もともとアダムとイブのころは身分差別などなかったではないかということで、神の名のもとに王の権限を制限して平等を実現させるという方法が採られました。

しかし日本にはそうした絶対的な神は存在しません。そこで、天皇がその代わりになっているのです。一君万民主義というものを掲げ、天皇の前での平等性を確保して、日本は近代国家になったのです。

●「小攘夷」と「大攘夷」との違い

もうひとつの問題は「攘夷」です。

攘夷の本質というのは、「外国の武力干渉あるいは内政干渉、侵略等を排除して、日本国の独立を保つ」ということです。

それを具体的にどのような方法論をとるか、これが問題だったのです。

攘夷は当初、とにかく外国人を斬ればよい、斬ればみんな恐れをなして帰っていくだろうという考えが主流でした。外国人を見たら殺せ、公使館を焼き討ちしろというのですから、それはテロです。こうしたやり方について、私は「小攘夷」という言い方をしています。

それに対して、外国は我々が三〇〇年間鎖国をしている間に、文明が進んでいる、このままではとても太刀打ちできない、だから最初はむしろ敵に学ぶという姿勢を持つことが大切である。積極的に開国し、彼らと交わり、そして貿易をやって国を富ませ、その富んだ力で兵を強くして、軍艦など最新の兵器を持って初めて、本当の意味での国の独立を保つことができると考えた人もいました。

その代表的な論者が勝海舟であり、勝海舟よりも先に実行した島津斉彬でした。

こうした考え方は、勝海舟自身が「大攘夷」という言葉を使っていますが、この大攘夷路線こそが、明治維新に繋がる路線です。

しかしこの大攘夷を唱える人は、最初は小攘夷の論者から「外国かぶれ」、「外国に通じるスパイ」とののしられ、斬り殺されたりもしました。

現に勝海舟は、何度も斬り殺されかけています。

そもそも坂本龍馬が勝海舟に会いに行ったのも、実は勝を斬り殺そうと思ったからでした。もともと小攘夷論者だった坂本龍馬は、大攘夷の論者である勝海舟を、外国に魂を売る者として斬りに行ったのです。ところが、逆に勝に説得されてしまったのです。

冷静になって現実を見れば、勝の理論のほうが正しいのは明らかです。

大砲ひとつとってみても、日本の大砲は戦国時代のままの青銅製です。弾《たま》も外国のものは中に火薬が詰められていて、当たると炸裂しますが、日本のはただの玉です。木造の建物の壁を破るくらいなら日本の大砲にもできますが、破壊力という点では外国のものには遠く及びません。

それなのに我が国にはそれを造る技術がない。島津斉彬が、溶鉱炉を造るところから始めているのはそのためです。鉄鉱石もなければ、コークスもない、もちろん銑鉄《せんてつ》もありません。そのようなときに彼は、鉄鉱石から鋼鉄を造ることから始めて、見事な西洋式の大砲を造ったのです。

でもそういう事をやるためには、科学も学ばなければならないし、数学も学ばなければならない、技術も学ばなければいけないのです。

●なぜ勝海舟が日本海軍の父なのか

勝海舟という名は本名ではありません。実は「海舟」という名は彼の号なのです。本名は勝麟太郎義邦《かつりんたろうよしくに》といい、後には安芳《やすよし》（〈あわ〉とも読む）とも名乗ります。

この海舟という名はどこから来たのかというと、彼の兄貴分に当たる佐久間象山《さくましょうざん》という人からもらったものです。

佐久間象山というのは、この人も非常に高く評価しなければいけない人ですが、彼は

「そのうち黒船が来るぞ」ということを、あの時代において最も声高《こわだか》に幕府に警告していた人です。

しかし、幕府はなかなか聞き入れようとはしませんでした。そして最終的には、彼は小攘夷の人間によって暗殺されてしまうのです。

その佐久間象山から勝がもらい受けた額に揮毫《きごう》されていたのが「海舟書屋《かいしゅうしょおく》」という言葉だったのです。この「海舟」という言葉は、まさに勝のキーワードでした。

海の船、これは軍艦であるとともに商船をも意味します。国を新しく変えるためのシステムとして、まず民間による商船隊を作り、国を富ませ、そして今度はそのお金で軍艦を造り、国の守りを固めるということを考えていたからです。勝海舟はこれを生涯の念願とするために、わざわざ「海舟」という号を自分のためにもらい受けたのです。

具体的に勝海舟が何をしたかというと、まず幕府を口説いて、当時日本と唯一国交があったオランダに頼んで、オランダ海軍の士官を日本に派遣してもらい、長崎で日本人が海軍技術を学ぶための学校を作りました。「長崎海軍伝習所」です。

自らその一期生となった勝海舟は、海軍術を身につけ、後に艦長となって咸臨丸《かんりんまる》を駆使してアメリカまで行っています。

自分が習った後は、それをできるだけ多くの日本人に教えなければいけないということで、また幕府を口説いて、今度は「神戸海軍操錬所」という学校を作ります。

ここで勝海舟が優れていたのは、諸藩の人々に広く門戸を開放したことです。当時の人の考え方からすると、幕府の金で作った学校には幕府の人間しか入れないというのが当たり前なのですが、彼はむしろ諸藩の人間を招き入れたのです。そして、ここの塾頭となったのが土佐の坂本龍馬《さかもとりようま》です。身分の低い人間でもよい、志のある優秀な人間はどんどん入れるという方針で、多くの人に海軍術を教えたのです。

ここで学んだ海軍術を基礎として坂本龍馬は、後に民間商船隊、あるいは私設海軍と言ってもいいのですが「海援隊《かいえんたい》」というものを作ります。ですから、勝海舟の志はきちんと受け継がれているのです。

したがって、勝海舟は、日本海軍創設の父と言ってもよい人なのです。

●「軍艦マーチ」にこめられた明治人の悲願

日本海軍を象徴する有名な歌に「軍艦マーチ（軍艦行進曲）」というものがあります。

最近ではパチンコ店か右翼のテーマソングのようになってしまっていますが、あの歌の歌詞をよく読んでみると、日本人の思いが痛切に伝わってきます。

今では歌詞を知っている人のほうが少数派だと思いますので、紹介しておきましょう。

守るも攻むるも　鉄《くろがね》の
浮べる城ぞたのみなる
うかべる此城《このしろ》　日《ひ》の本《もと》の
皇国《みくに》の四方《よも》を守るべし
真金《まがね》のその船　日の本に
仇《あだ》なすくにを攻めよかし

要するに、日本の周囲を「浮かべる城」、つまり「黒船」で囲うということが、維新の初期の人たちが理想に描いたことだったのです。そして、その悲願が軍艦マーチの時点でようやく実現したということです。

日本で近代的な戦艦が造られる以前、防衛のために造られたのが「お台場」です。お台場というと、現在では観光名所だと思っている人が多いのですが、もともとは何だったかというと「砲台場」なのです。

当時の日本の大砲は非常に粗末なものでした。射程距離も短く、弾も遠くまでは届きません。それでも敵が港に入ってくれば多少は役に立ちます。港の入り口は狭くなっているので、どうしても岸の近くを通らなければならないからです。

近くまで来れば射程距離の短い日本の大砲でも届きます。そこで、わざわざ港の手前に埋立地を作り、そこに大砲を置いたのが「お台場」なのです。

ただ、悲しいかな日本は海岸線イコール国境のような国ですから、重要拠点はそれで守れたとして、最終的に日本の国を守るためには、やはり「浮べる城」がどうしても必要なのです。

だからこそ明治維新の先人たちは、海軍の創設に全力を注いだのです。

●なぜ一一〇万石の薩長連合が、四〇〇万石の幕府に勝てたのか

結局、徳川幕府を倒したのは、薩長連合でした。そういう意味では、家康の見通しは当たっていたのです。

しかし、彼に予測できなかったことが、技術革新の他にもうひとつありました。

これも歴史上しばしば起こる現象なのですが、ある時期に力を持っていた組織が、その時代の前提条件が変わることによって、かつてその長所だったことが弱点になってしまうということがよくあります。徳川幕府の場合にも、それがありました。

江戸時代の日本全体の石高《こくだか》は初期の段階で一八〇〇万石、中期でも二六〇〇万石だったと言われていますが、その後、大きな変化はありません。

そのうち、徳川将軍家（幕府直轄領）の取り分は、四〇〇万石、旗本領が三〇〇万石で、残りの一九〇〇万石が、俗に江戸三〇〇諸侯と称される大名家に分け与えられているのです。

幕府の仮想敵国である薩摩は七三万石、長州は三六万石ですから、二つを足しても一一〇万石ほどにしかなりません。四〇〇対一一〇ですから、本来はいくら連合を組もうが敵《かな》うはずがないのです。

実際、敵わなかったから、江戸時代はずっと安定していたのです。

ところがこの大前提が、変わってしまったのです。

この前提にはひとつの条件がありました。それは基本的に経済が農業生産に依存しているということです。つまり、農業生産のランク付けであるということです。

江戸時代というのは、基本的に鎖国をしていましたから、農業生産以外の事業、たとえば貿易などは、大名は行なおうと思ってもできなかったのです。ですから鎖国をしている間は、この基盤は変わらないのです。

ところが、江戸時代というのは、武士にとっては基本的にインフレの時代なのです。それは、一方で平和になり生産力が上がり、経済が活発化してきているのに、武士の給料だけは上がらないからです。

武士の給料というのは、実は戦国時代と同じなのです。戦国時代で一〇〇石もらっていた人は、ご加増でもない限り、江戸の後期になっても一〇〇石のままです。

武士階級というのは、もともとあまり仕事のない余剰人員を大勢抱えているのですから、当然、給料を上げる余裕などないわけです。収入が上がらないのですから、困窮するのは当たり前です。

しかし、江戸幕府は中央政府ですから、中央政府だけに許される逃げ道がありました。

そのひとつは、商人から冥加金《みょうがきん》という名目でお金を徴収するということ。もっと簡単なのは、貨幣改鋳《かへいかいちゅう》という手段でした。つまり、当時は金銀本位制でしたから、通貨に含まれる金銀の含有量を減らして発行数を増やすということをしたのです。

これは今で言えば、輪転機を回してお金をいっぱい刷るということですから、当然インフレになります。インフレになっても、政府はお金を自分で刷っているようなものなのですから、とりあえずは凌《しの》ぐことができます。

ところが諸藩にはこんなことはできませんから、どんどん困窮していきます。

たとえば薩摩藩などは、一番ひどいときは五〇〇万両の借金があったと言われています。

一石一両に換算すると、薩摩七三万石は、年間総収入が七三万両ということになります。

その七三万両は、参勤交代の費用や家臣に払う給料などを差し引くと、自由に使えるお金はほとんど残らないというのが現実です。

それでも、仮にその七三万両のうち何とかして五万両返せたとしましょう。五〇〇万両の借金に対して毎年五万両ずつ返済したとしても、それでは利息分にもならないのです。

ところが薩摩は、この財政破綻状態を、殿様が代替わりした途端、わずか一代で一気に回復させているのです。

なぜそんなことができたのかというと、琉球を利用した密貿易を行なったからです。

武家社会というのは、実際にはどこも財政破綻していたのです。

そして、幕府だけは直轄の金銀山があったり、貨幣改鋳などでごまかしていたのですが、諸藩はいやおうなしに藩政改革をやらざるを得なかったということです。

すでにヨーロッパの国がやっているような、農業依存を脱して商業を盛んにし、あわよくば密貿易もやってお金を稼ぐということでもやらなければ、生きていけなかったということです。

そういう事情があったからこそ、幕末において、普通なら勝てるはずのない四〇〇万石対一一〇万石という関係にあったにもかかわらず、薩長軍は勝てたのです。

そうした経済面での変化も、徳川家康の計算には入っていなかったということです。

●戦ってみて初めて知った攘夷の無謀

最終的には薩長連合ができ幕府を倒したのですが、よく知られるとおり、薩長連合ができるまでが大変でした。なぜなら、実際には、薩摩も長州も、小攘夷というものから抜け出せない人が多かったからです。

勝海舟も坂本龍馬も、口をすっぱくして「そんなことではダメだ」と言っていたのですが、これは日本人の悪いところだと思うのですが、なかなか小攘夷路線が破れないのです。

その小攘夷路線を破ることができたのは、実は外国と実際に戦争して負けたからでした。

薩摩はイギリスと「薩英《さつえい》戦争」を戦っています。攘夷を旗印に、無謀にもイギリスと戦争したのです。

この戦いで薩摩武士は奮戦しました。現実に、イギリス艦隊の旗艦の艦長を死亡させるという戦果も上げています。これは、敵が油断して薩摩軍の大砲の射程距離まで近づいてきたので、できたことではあるのですが、薩摩の大砲というのはそれほど劣ったものではなかったのです。先ほど触れた島津斉彬が作ったものですから、他の藩の大砲よりは多少遠くまで届いたのでしょう。

そうしたこともあって多少の戦果はあったのですが、大苦戦しました。

簡単に言うと、こちらの大砲の弾は届かないのに、向こうの大砲の弾はバシバシ当たるのですから、いくらやっても勝てるわけはないのです。

実は、幕府が最後まで江戸を開港しなかった理由もここにあります。

幕府は浦賀でペリーと応対したとき、彼らが江戸湾に入りたいというのを徹底的に拒絶しています。最終的には横浜港を与えるのですが、最後まで江戸湾に黒船が入ることは拒否しています。横浜は確かにとても良い港です。というのは、海が陸地から離れて急に深くなっている地形をしています。船にとって一番怖いのは、座礁することですから、その意味で、横浜は非常に良い港ではあるのですが、当時の横浜は何もない寒村でした。

横浜を開港し、江戸港を開かなかった理由は、黒船を江戸湾に入れてしまうと、黒船の大砲の弾が江戸城にまで届いてしまうためだったのです。だから幕府は、最後まで江戸湾に黒船を入れなかったのです。

ところが、薩摩は敢えてその逆をやったのです。

その結果、イギリスと戦争をし、敵の砲撃を受けた鹿児島城下は焦土と化しました。

しかし、それによって初めて、小攘夷は無謀だということに気がつき、大攘夷に移行することができたのです。

長州藩も外国と戦争をしています。長州の場合は、幕府に対する嫌がらせという面もあったのですが、はじめは小攘夷論者であり、このころは大攘夷論者へと転向していた高杉《たかすぎ》晋作《しんさく》などが止めたにもかかわらず、無謀にも下関で四カ国連合艦隊と戦っています。「馬《ば》関《かん》戦争」です。

四カ国連合艦隊の内訳は、アメリカ、イギリス、フランス、オランダの四カ国。この連合艦隊と戦い、長州はボロボロに負けるのです。

そして負けて初めて、薩摩同様、やはり小攘夷は無謀だということに気づき、大攘夷へと転換するのです。

それから明治維新まではわずか四年です。

つまり、小攘夷から大攘夷に転換するまでに長い年月を費やしてしまっているのです。ペリーの黒船来航から薩英戦争まで一〇年。その一〇年間、先覚者たちはずっと口をすっぱくして「大攘夷でなければダメだ」と言っているのに、小攘夷の連中はどうしても耳を貸そうとしなかったのです。

それが戦争をやってみて、大敗を喫して初めて大攘夷に転換することができたということです。

《テーマ3》なぜペリーは居丈高《いたけだか》に開国を求めたのか

●黒船の来航を予告していた人々

身近に危険が迫っているのに、または将来的に危険が予測できているのに、それをやらないというのは日本人の本当に悪い癖です。その根底にはやはり「言霊」という考え方があるのだと私は思っています。いやなこと、縁起でもないことは考えたくないという思いがあるから、現実を受け入れることができないのです。

黒船出現は、確かに多くの人たちにとっては衝撃だったかもしれません。それでも、日本の安全性は何に由来しているのかということを考えていれば、ある程度予測できたはずなのです。

日本が安全なのは、海に囲まれているため騎兵が攻めてこられないからだということがわかれば、では海の上を自由に移動できるものができれば、黒船という言葉はわからないにしても、そういうものができたとしたら、日本の安全は脅かされるんだということに気がついてもいいはずなのです。

ではそういうことに気づいた人は誰もいなかったのかというと、そうではありません。黒船より七〇年以上も前に、来るべき危機を警告している人がいたのです。

それは林子平《はやししへい》という人でした。

彼は『海国兵談《かいこくへいだん》』という本を書いています。教科書にもこの『海国兵談』という本のことは載っているのですが、その記述は老中松平定信《まつだいらさだのぶ》が弾圧したというだけで、『海国兵談』で林子平は何を訴えたのかということは、ほとんど語られていません。

林子平は『海国兵談』の中でこう語っています。

「江戸の日本橋より唐《から》、阿蘭陀《オランダ》迄境《までさかい》なしの水路《すいろ》なり」

彼が言いたかったのは、海の上には万里の長城は作れない、いつでも攻めてこられるのだから、もっと海防ということに目を向けなければいけない、ということなのです。

しかし彼は、言葉を無視されただけでなく、そのような不吉なことを言うのはけしからんとして罰せられたのです。

それ以後も、日本人に対して、忠告している人はいます。それは、渡辺崋山《わたなべかざん》や高野長英《たかのちょうえい》といったいわゆる蘭学者の人たちでした。

渡辺崋山は『慎機論《しんきろん》』という書を、高野長英は『夢物語《ゆめものがたり》』という書を書いて、「こんな対応をしていると、日本は大変なことになるぞ」ということを訴え、海防の重要性を説いているのです。

佐久間象山もまた、黒船が来る一〇年ほど前に、海防の必要性を説いているのですが、日本の政治家のほとんどは問題を先送りにするばかりで、具体的な行動を起こそうとはしませんでした。考えたくない。とくに自分が責任者の立場にあるときには考えたくない。だから問題を先送りにするということをやっていたのです。

●アメリカが日本に開国を迫った本当の理由

日本の安全が黒船の出現によって完全に丸裸状態にされたということも重要なことなのですが、黒船問題に関しては、もうひとつ重大な視点があります。

それは、このときにもう少し賢い対応がとれなかったのか、ということです。ここには非常に重要な課題が秘められています。

日本を開国させたのは、結果的にはアメリカ海軍の軍人であるペリー提督でした。

では、アメリカはなぜ日本を開国させようとしたのでしょうか。

今の学校の歴史教育を受けただけでは、この問いに答えられません。欧米列強にアジアを植民地化する野望があり、アメリカもそれを目論んでいたのだと思っている人がほとんどではないでしょうか。つまり、植民地化の野望ということが重要であると捉えているのです。

しかし、厳密に言えば、それは間違いです。

そもそも欧米列強とひとまとめにしてしまうことが、大きな間違いです。このことが、教科書を書いている人たちにまるで理解されていないことが、とても大きな問題なのです。

アメリカは、なぜ日本に開国を求めたのでしょうか。

実は、先に触れた軍艦マーチの二番の歌詞にそのヒントがあるのです。軍艦マーチの二番の歌詞は、次のような詩です。

石炭《いわき》のけむりはわたつみの
龍《たつ》かとばかり　靡《なび》くなり
弾丸《たま》うつ響《ひびき》はいかづちの
声《こえ》かとばかり　どよむなり
万里《ばんり》の波濤《はとう》をのりこえて
皇国《みくに》の光りかがやかせ

歌を聴いただけではわからなかったかもしれませんが、「いわき」というのは石炭ということなのです。

当時は蒸気船ですから、石炭を積み、それを燃やした煙を出すための煙突があります。その煙突から靡く煙がまるで龍のようだというのが、「石炭のけむりはわたつみの　龍かとばかり靡くなり」という歌詞の意味なのです。

ここで一番肝心なことは、帆船と蒸気船の違いです。

帆船は風力で動きますから、石炭を必要としません。つまり帆船は天然エネルギーを使用するので燃料補給が要らないが、蒸気船である黒船は、燃料の補給地が必要だということです。

したがって、黒船を運用する限り、補給基地が絶対に必要になるということです。もちろん十六世紀のスペイン・ポルトガルの戦艦も、乗組員のための水や食料を補給する必要はありました。でも、燃料を補給する必要はありません。ところが黒船は燃料の補給を必要とします。つまり本国以外に補給基地が必要なのです。

これがアメリカが日本に開国を求めた第一の目的です。

●ペリー以前に二度も来ているアメリカ使節

もうひとつあるのは、世界地図を見るとわかるのですが、アメリカから見た日本の位置です。

ヨーロッパのアジア進出というのは、ポルトガル人によるインド・ルートから始まりました。その後、コロンブスが新大陸を発見したのですが、そこでアメリカという国ができてしまったため、アジア進出はやはりインド・ルートに戻ってしまっていました。

具体的に言うと、アフリカ南端か中近東を通り、インドを通ってアジアに進出するというのが、ヨーロッパの普通の国のやり方なのです。これはイギリスもフランスも西ヨーロッパ諸国は全て同じです。

ところが、アメリカだけは地理的位置からしても、そのルートを辿ることはできませんでした。わざわざ遠回りをして、中近東やインドを通り、しかもイギリスなどの利権がすでに確立されているルートを行くのは効率的に悪いからです。

アメリカにとって一番簡単なのは、太平洋を横断することです。

この太平洋横断ルートを通ったアメリカが、最初にたどり着く国が、実は日本なのです。

日本という国は極東、ファーイースト（Far East／直訳すると「遠くの東」）と呼ばれています。確かにヨーロッパから見れば、日本は最も遠い東なのですが、アメリカの西海岸のほうから見れば、アジアの入り口に位置するのが日本なのです。

ですから日本という国が補給基地になることが、アメリカにとっては最も望ましいわけです。したがって、アメリカが最初に日本に求めていたのは、植民地にしようという野望を満たすことではなく、アメリカの補給基地になってほしいということだったのです。

日本では、実に多くの人がペリーがいきなり開国を求めて浦賀に来たと思っているのですが、実はアメリカの使節というのは、ペリー以前に二度も来ているのです。

最初のアメリカ使節は、非公式の民間の使節でした。

そのときの船は、モリソン号という民間商船です。

なぜアメリカが最初に民間使節を送り込んできたのかということは、アメリカの立場に立って見るとわかります。当時の日本という国は、今でいえば北朝鮮のようなものなのです。つまり厳しく鎖国をし、白人の国家ではオランダとしか付き合っていない。

アメリカは、そういう国に対して、港を開き、アメリカ船を入港させてもらえるよう申し込むためのアプローチをしなければならないのです。

つまり、アメリカは日本にお願いする立場だったということです。

お願いする立場なのですから、当然相手に不快感をもたれないように下手《したて》に出るというのが普通です。事実、アメリカは下手に出たのです。

まず、軍艦を最初に送って侵略的意図があると思われるとまずいので、民間商船を出しました。民間商船にアメリカの意図を非公式に言い含めて、送り出したのですが、いきなり民間商船が行っても港に入れてくれないだろうと、彼らは「おみやげ」を積んできました。

そのおみやげとは何かというと、実は日本人の漂流民でした。

なぜ多くの日本人がアメリカに漂流民としていたのかというと、これは実は鎖国政策の影響だったのです。

●江戸時代の日本船の三大欠陥

徳川時代というのは、基本的に規制社会です。

戦国時代があまりにも自由奔放な時代だったので、平和という第一目的のために、できるだけ規制をかけるというのが、徳川幕府の基本的な姿勢だったのです。

そして鎖国をやっていました。これには軍事上の目的もあります。

先ほども触れたように、江戸時代には大きな船を造ることは禁止されていたのです。

日本にも戦国時代には、外洋航海ができる大型船はあったのです。

伊達政宗《だてまさむね》の家臣である支倉常長《はせくらつねなが》という人が、サン・ファン・バプティスタ号という三本マストの帆船でヨーロッパまで行ったのは有名な話です。

当時の外洋航海船は三本マストでしかも帆が細かく分かれていました。なぜ帆が細かく分かれているのかというと、この帆を微妙に操作することによって、さまざまな方向へ進むことができたからです。

ヨットをやったことのある方ならおわかりだと思いますが、帆が分かれていれば、船はある程度風上にも進むことができるのです。風向きに対して完全に反対には進めませんが、一旦風を帆で受けて、それを別の帆に反射することによって、四五度程度の角度でなら進むことができます。

ところが、江戸時代の日本ではそういう船を造ることは一切禁止されていました。では、どういう船ならいいのかというと、銭湯の壁絵に描かれているような、一本マストに一枚の布を垂らしたような船です。

しかも、三重苦というと茶化しているようですが、規制でがんじがらめになっていた当時の日本の船には、三つの大きな弱点があったのです。

まず第一が、帆が一枚ということです。

帆が一枚だと、進行方向を操作することがほとんどできませんから、たとえば目の前に暗礁があり、避けたいと思っても突っ込んでいってしまいます。また、嵐になった場合は、下手をすると帆柱を切り倒さないと、転覆してしまう危険があります。

二つ目は、甲板《かんぱん》がないということです。

厳密に言えば、甲板禁止令というものを私は見たことがないので、禁止していたとは言えないのかもしれませんが、当時、甲板の技術は知っていたはずなのに、日本の船にはそれがなかったのです。甲板のない船というのは、サラダボウルのようなものを海に浮かべているのと同じです。波が高いと上から水が入って沈んでしまいます。

甲板というのは非常に優れた発明ですが、ごく簡単に言えば、水が入って困るなら蓋《ふた》をすればいいではないかということです。蓋をすると、船はサラダボウルから湯たんぽになります。水が入ってきませんから、めったに沈まなくなります。その上、かなり傾いても復元力があります。

蓋をしてしまったらどうやって船内に出入りするかという問題は、「ハッチ」という精密構造をもった入り口をつけることによって解決しています。

これは大航海時代のポルトガル人が考えたものではないかといわれていますが、定説はありません。しかし、少なくとも十六世紀に日本に来たポルトガル船、スペイン船には、すでに「甲板」も「ハッチ」もあるので、日本でも知られていたはずなのです。

ところが、それより後の徳川時代、一七〇〇年代から一八〇〇年代に日本で使われていた北前船などは、甲板のようなものはあるのですが、ハッチがなくて階段がついているのです。ですから千石船などと言っても、波が高ければすぐに水が入ってきてしまう非常に危険な船だったのです。

三つ目の弱点は、「竜骨《りゅうこつ》」がないということです。

竜骨というのは、船の強度を増すための独特の工夫なのですが、建築で言えば大黒柱に当たるような船の背骨を作り、そこに少しずつ区画を足していくという工法です。

竜骨があれば、たとえ船底に穴が開いたとしても、船自体がいくつものブロックに分割されているので、浸水は穴の開いた区画だけで済み、船は沈まなくて済むのです。

中国のジャンクという船は、竜骨と似ているのですが、やはり小部屋を繋いだようになっており、同じようにすぐに沈まない工夫がされています。

ところが日本の船というのは、基本的には蓋のない木箱が浮いているようなもので、こうした構造上の工夫が一切ないのです。だからすごく脆《もろ》いのです。

逆の見方をすれば、強い船は必要ないのです。下手に強い船を造ってしまうと、外洋航海をする人が現われるかもしれません。つまり、海外へ行けないように、造船に厳しい規制がかかっていたのです。

昔は船乗りの間で「板子《いたご》一枚下は地獄」という言葉がよく使われましたが、これは誇張ではなく本当に危ない船だったからなのです。

北前船の航路などを見ると、港を出てもそれほど沖へは行かず、すぐに次の港に向かっています。これは交易のためでもあるのですが、あまり沖に出てしまうと海流に流され岸に戻れなくなることがあるからなのです。

先に触れた支倉常長などは、逆にこうした海流に乗って、中米のアカプルコまで行き、パナマ地峡を渡って（当時パナマ運河はない）、船を乗り換えてローマまで行っているぐらいですから、日本の近海には流れの速い海流があるのです。太平洋を横断してアメリカに渡った堀江謙一さんが利用したのも、こうした海流でした。

ですから、下手に沖まで出てしまうと、当時の日本の船では戻ってこられないのです。

そのまま太平洋の真ん中に押し流されてしまった人々の一部を救助したのが、当時太平洋を自分の庭のように活動していたアメリカの船だったのです。

●モリソン号を砲撃して追い返してしまった日本

太平洋にいたアメリカの船というのは、捕鯨船でした。いわゆるキャッチャーボートです。当時のアメリカは、世界一の捕鯨大国だったのです。

アメリカの捕鯨というのは、非常に野蛮なものでした。油を絞っただけで肉は捨ててしまったり、骨を取るケースもありましたが、かなり乱暴な捕鯨をしていたのです。十九世紀中ごろにメルヴィルによって書かれた『白鯨《はくげい》』という文学作品には、その時代のアメリカの捕鯨の様子が克明に描かれています。この作品は、グレゴリー・ペック主演で映画にもなりましたが、アメリカ人にとっての捕鯨のイメージというのは、まさにあれなのです。ですから、アメリカで日本の捕鯨に反対している人の多くは、日本の捕鯨も同じように乱暴なものだと思っているのかもしれません。

捕鯨問題はともかく、要するに、江戸時代の日本の漁民や商船員たちは、脆弱な構造の船に乗っていたがために、太平洋に流されたところをアメリカ船に救われ、そのままアメリカに行っていた人が相当数いたということです。

そうした漂流民で最も有名な人が、ジョン万次郎です。ジョン万次郎は、幕末になって日本に帰ってこられましたが、鎖国をしている間は、海外渡航は罪ですから、アメリカ船に助けてもらったとしても日本には帰ってこられなかったのです。

アメリカは日本という頑《かたく》なな国に港を開いてもらいたいと思っていました。しかし、いきなり軍艦で押し寄せていって刺激するのは良くないだろうということで、民間商船モリソン号に言い含めて、日本人漂流民を「おみやげ」として乗せて行ったのです。

これは、国交のない国と国交を持とうとするときに、よく使われる手段です。

たとえばアメリカとベトナムが国交を回復したときも、まず捕虜の交換をしました。この場合は捕虜ではありませんが、「お宅の国民を救助して連れてきましたよ」と言えば、少なくとも港には入れてくれるだろうと考えたのです。そこで漂流民たちを日本に返し、向こうが好意を持ったところで、「お宅の港をちょっと開いてもらえませんかね」と話を切り出そうと思っていたのです。

ところが、日本は漂流民の帰国を頑《かたく》なに拒絶したうえ、モリソン号を砲撃して追い返してしまったのです。そうした幕府の対応に対して、「そんなことをやっていると大変なことになるぞ」と言ったのが、渡辺崋山であり、高野長英だったのです。

しかしそうした忠告も、蘭学者どもがつまらんことを言っているとして、幕府は弾圧してしまいました。それが「蛮社《ばんしゃ》の獄《ごく》」です。その蛮社の獄を行なったのは、遠山の金さんのライバルと言われる鳥居甲斐守《とりいかいのかみ》（鳥居耀蔵《とりいようぞう》）という人でした。

教科書には、蛮社の獄は大きく書いてあります。しかしここでは、蛮社の獄という国内事件よりも、モリソン号からのアプローチを日本が拒絶し、それに対して蘭学者たちが忠告を発したということのほうが重要なことなのです。

日本とアメリカは非常に緊密な関係にあると言われていますが、そのアメリカが最初に示してきたアプローチがモリソン号事件であったということは、今は忘れられてしまっています。

そしてもうひとつ、アメリカは他のヨーロッパ諸国とは違い、日本に好意的にお願いしてきたのだということも忘れられてしまっています。これも非常に大きな問題だと私は思います。

この一件を下世話にたとえると、自分の工場が国道沿いにあるのだが駐車場が足りない、しかし、道路を渡ったところに空き地がある。そこにうちのトラックを止めさせてくれれば非常にありがたいなということで、地主に菓子折りを下げて頼みに行ったら、いきなり猟銃で撃たれて追い出された、というようなものです。

それでもアメリカは、どうしても日本の港を借りたかったのです。

実はこれは、今でも基本的には同じです。

現在は航空機というものができ、空を飛べるようになったので、多少違ってきていますが、今もアメリカが日本に求めているのは、基本的に補給基地です。

エンタープライズ寄港とか、カール・ビンソンの寄港など、アメリカ艦隊の補給基地をアジアの一番手前である日本に持ちたいということにおいては、昔から何も変わっていないのです。

●一連の交渉からアメリカが学び取った教訓

アメリカは民主主義国家です。民間商船で下手《したて》に出てアプローチしたら、いきなり撃たれてしまった。そこで、これは危険だということになり、次は軍艦が派遣されたのです。

しかし、それでもまだペリーではありません。

このときに派遣されたのは、アメリカ東インド艦隊司令長官ビッドル提督という人です。この人の肩書きがペリーと同じなのは、実は彼がペリーの前任者だからです。

ビッドル提督という人は大変紳士的で、一応、浦賀沖まで来たのですが、自分たちは日本に対してお願いする立場なのだからと、江戸湾の外に留まっているのです。ですからそのとき幕府の役人は、黒船を見ているのです。

ビッドル提督が日本に来たのは、ペリーより七年ほど前のことです。そのときに役人たちは黒船を見ているのですが、見て見ぬ振りをして、問題を先送りにしてしまっているのです。

ビッドル提督は、アメリカ大統領の国書を持ってきていました。ですから公式なアプローチとしては、ビッドル提督が最初です。そのビッドル提督の申し出に対しても、日本は拒絶し、追い返しています。

さすがのアメリカも怒ったのでしょう。日本という国はあまりにも傲慢《ごうまん》だ、こちらが下手に出て頼んでいるのをいいことにつけ上がって、ということで選ばれたのがペリーだったのです。

ペリーは前二者の教訓がありますから、いきなり脅しつけました。

そうした途端、実に情けないことに、日本はすぐに頭を下げてしまったのです。

ですから、もし当時アメリカの外交史の教科書が作られていたとしたら、きっとそこにはこう書かれていたでしょう。

「日本人というのは、下手に出たり丁寧に頼んでも埒《らち》はあかない。脅すのが一番である。その証拠がペリーである」と。実際、アメリカにはペリーの銅像が建っています。

これは他人事ではありません。

まさに原因は結果を生むということなのですが、昭和十六年に日本は清水《きよみず》の舞台から飛び降りる覚悟でアメリカに宣戦布告しました。しかし、なぜアメリカに対してそんなことをしたのかというと、細かいことを言えばいろいろな理由があるのですが、最大の理由は、アメリカが何かにつけ日本に対してすごく強硬な態度をとっていたからです。

それまで日本が延々と、日清・日露の戦争以来、築き上げた中国の利権を全て手放せというようなことをアメリカが言ってきたからです。

それは東京裁判の際に、インドのパール判事が、「こんなことを言われたら、誰だって怒るだろう」と言っているほど強引なやり方だったのです。

しかし、なぜアメリカが日本に対してそれほど強硬な態度をとったのかと言えば、それまでのアメリカ外交の流れからいくと、日本に対して下手に出たときは失敗し、強硬な態度をとったときは、上手くいっているからなのです。

幕末のアメリカに対する日本の対応が、アメリカ人の頭の中にあり、それが日本に対する強硬な態度を生み、それが真珠湾、太平洋戦争へと繋がっているのかもしれないのです。

ですからこれは他人事ではないのです。今の日本とアメリカの関係にも関わる問題なのです。

もしも今、アメリカに外交の教科書があるとしたら、実際にはそういうことは文書には残さないものですが、「日本人というのは下手に出てものを頼んでもだめだ。丁寧にものを頼んでもだめだ。居丈高《いたけだか》に脅すのが一番効果があるが、あまり脅すと真珠湾のようなことをするから気をつけろ」と書いてあるのではないでしょうか。

ですからこれは、我々にとってとても重大な教訓なのです。

●不平等条約は避けることができた

もうひとつ重大な問題として、「不平等条約」ということがあります。

今の流れで行けば、こういう事態になることが幕府には読めていたはずですし、読めていなければいけなかったということになります。

百歩譲って、さらにもの凄く善意に解釈したとしても、ペリーが来ることが読めなかったということは、あり得ないはずなのです。

林子平の時代には無理だったとしても、その後、渡辺崋山や高野長英が忠告し、佐久間象山も言っているのですから、わからなければいけないのです。

私は、わからなかったのではなく、わかろうとしなかったのだと思います。

実は忠告は他にもあったのです。それも日本が唯一国交を開いている外国、オランダの国王が、「もう鎖国は無理です、止めたほうがいいですよ」と忠告してくれていたのです。もちろんそれは、アメリカに先んじて、オランダが自分の貿易の権益を確保しようという狙いがあってのことです。

しかし、それならば、それはそれで利用すればよかったのです。日本はオランダに訊《き》けばよかったのです。もしアメリカと条約を結ばざるを得ないとしたら、どういう条約を結ぶのが有利なのか。気をつけるべき点はどこか。そういったことを訊いておけば、不平等条約などというものを結ばずに済んだのです。

そうした努力を全て怠った結果、日本はどうなったかというと、アメリカと不平等条約を結ばされた上に、最恵国待遇《さいけいこくたいぐう》を他の国々にまで適用せざるを得なくなってしまったのです。

アメリカと不平等条約を結んだために、アメリカとは結べてなぜ俺たちとは結べないんだとなってしまったからです。そのため日本は、フランスともイギリスともロシアともオランダとも、同じ不平等条約を結ぶという極めてバカな結果になってしまったのです。

本当ならそれは防げたはずなのです。

防ぐためには、二つのことさえ頭に入っていればよかったのです。

ひとつは、時代の前提条件は変わることもあり得るということ。そしてもうひとつは、そうなった場合にどうしたらいいのかということを事前に考えておくということです。

この姿勢さえあれば、不平等条約を結ぶことはなかったのです。

不平等条約を結んだ結果、明治期の日本はさまざまな面でハンデ戦を強いられることになりました。関税自主権ということで言えば、これが完全に回復したのは明治四十四年（一九一一年）になってからです。

関税というのは、自国の生産物を守るためのものであり、輸入品のほうが圧倒的に品質が良い場合に高い関税をかけて、国内生産を保護するというものです。これはどんな国でも自主的に決める権利があり、それを「関税自主権」と言います。

ところが、不平等条約を結んでしまったために、日本は関税自主権を失ったのです。関税自主権がないということは、外国のやりたい放題になるということです。

そんな状態で、先人はよく頑張ったと思います。

ようやくそれが回復できたのが明治四十四年ですから、ほとんど半世紀にわたって日本人はものすごいハンデ戦を強いられていたのです。私が悔しいと思うのは、そのハンデ戦は、本当は避けようと思えばいくらでも避けられたということです。

それでも大変すばらしいと思うのは、日本が大正時代にはワシントン海軍軍縮条約（一九二二年）を、昭和になるとロンドン海軍軍備制限条約（一九三〇年）を結んでいることです。

それは、たとえば主力艦を英米が五、五、日本が三にするとか、潜水艦のような補助艦を五、五、三にするといった制限を取り決めた国際条約です。

つまりそれは、その時点で日本が世界三大海軍国に入っているということなのです。

一八五三年に黒船が来た段階では、一隻の蒸気船もなかった国が、それからわずか六〇年から七〇年で世界三大海軍国になっているのです。

それはそれで大変立派なことで、誇りに思うべきことなのですが、もう少しうまくやれたのではないかということを、歴史は教えていると思うのです。

《テーマ4》「五箇条の御誓文《ごせいもん》」と日本の政治システム

●「大和」と書いて、なぜ「やまと」なのか

明治の初年、まだ憲法もなく、王政復古の大号令が発布されただけで、明治の国家制度の基礎が何もできていないときに、維新の生き残りの志士たちが集まり、新生日本が進むべき方針をまとめました。

その文書が「五箇条の御誓文」です。

これはそもそも坂本龍馬の「船中八策《せんちゅうはっさく》」という近代国家の基本方針をふまえ、その友人であった福井藩士、由利公正《ゆりきみまさ》が五箇条にまとめ、それに桂小五郎《かつらこごろう》や大久保利通《おおくぼとしみち》、西郷隆盛といった人たちが目を通し、最終的に明治天皇が皇祖皇宗《こうそこうそう》（先祖の霊）に誓うというかたちで発表されたものです。

これが大変珍しいのは、国内だけではなくて、外国語に翻訳され海外にも公表されたと

いうことです。

日本というのは鎖国が基本の国家でしたから、ほとんどの文書は国内向けであり、外国人に読まれるということを意識したものはほとんどなかったのですが、これは新生日本の大方針だということもあり、内外に公表されたのです。

この五箇条の御誓文の第一条は、「広く会議を興し、万機《ばんき》公論に決すべし」となっています。

新生日本は、多くの志士たちがさまざまな苦闘を重ねて生み出したものです。

当時は、アメリカのような民主主義国家が世界の中にあるということもわかっていました。立憲君主制や共和制というものに関する知識ももちろんあります。その中で、さまざまな人間がさまざまな知恵を絞った結果、天皇というものを担《かつ》ぎ上げ、そして天皇中心の国家を作ったのです。

にもかかわらず、第一条は天皇ではないのです。

第一条を現代語訳すると、「何ごとも話し合って決めましょう」ということになります。

つまりそれは聖徳太子の憲法十七条の方針であり、さらに遡《さかのぼ》れば国譲りの神話であり、さらに遡れば大和という日本の古い名称にまでたどり着く、日本古来の「話し合い絶対主義」だったのです。

日本という国は、昔「大和《やまと》」といいました。

「日本」という国名が用いられるようになったのは聖徳太子のころからで、日本という名には、「日の本《ひのもと》」、つまり日出《い》ずる国、東の国という意味が込められていました。

問題は、どこから見て東なのか、ということです。

東西というのは相対的な概念ですから、基準がないと決まりません。

たとえば名古屋は日本の東でしょうか西でしょうか、と訊かれても困ってしまいます。東京よりは西だけれど、大阪よりは東である、という言い方しかできないからです。

ではわが国が「日の本」と、「東の方の国」と名乗ったのは、何を意識しての「東」なのかと言うと、日本よりも「西の国」、つまり中国を意識してということになります。

だからこそ、聖徳太子が隋《ずい》の煬帝《ようだい》に送った国書も「日出る処の天子、日没する処の天子に書をいたす」という文になるのです。

日本が「日本」という国号を名乗る前は、「大和《やまと》」といっていました。「大和」と書いてなぜ「やまと」と読ませるのでしょうか。「大」を「やま」と読む例は他にはないし、「和」を「と」とする読み方も他にはありません。にもかかわらず「大和」を「やまと」

と読むのは、それが当て字だからでしょう。

つまり、もともと「やまと」という名の一地方政権があり、それが九州にあったのか、あるいは朝鮮半島にあったのかはわかりませんが、それが日本を統一した。そのため、発音としては「やまと」になったのでしょう。

そして、その国のコンセプトが「大きな和」、つまり話し合いによって成立した国家であったから「大和」という字を「やまと」という呼称に充てたのではないかと思います。

という意味で言えば、日本という国は生まれたときから、神話の時代、憲法十七条を経て、実は明治までこの精神で繋がっているのです。

●なぜ江戸時代の「側用人《そばようにん》」には悪役が多いのか

そこには非常に興味深いものがあるのですが、ごく簡単に言えば、日本は独裁的な権力を嫌うということです。

これは司馬遼太郎さんなども指摘していますが、日本人ほど権力が集中することを嫌う国民は少ないのです。

本来ものごとを進める場合には、特に改革などを推進するには、権力を集中する必要があります。しかし、日本の権力集中型の政治家というのは、実は「終わり」があまり良くないのです。

その典型的な例が織田信長であり、さらに遡れば平清盛や足利義満《あしかがよしみつ》であり、信長以降で言えば、大久保利通というような人たちです。こうした人たちは、いわゆる大改革をしなければならなかったから、権力を自分一身に集中させたのです。

ところが、権力を一身に集中すればするほど、そのこと自体が悪だと捉えるメンタリティを我々は持っているようなのです。

それはもちろん、この憲法十七条のメンタリティです。

ものごとは話し合いで決めるのが最上であるから、一人で決めるような体制を作ることは良くないということです。

実は、これを政治や政府の形で見ると、ひとつの共通性があることがわかります。

たとえば、徳川時代を作った徳川家康という人は独裁者です。彼の意向には、息子である二代将軍秀忠《ひでただ》ですら逆らえませんでした。

ところが二代将軍秀忠以降になると、これは家康が意識してその方向にもっていったのだと思いますが、老中が五人いて、その五人の老中が協議、つまり話し合いでものごとを決める。それを将軍のところに持っていくと、将軍はそれに黙ってハンコを押さなければならないという体制になっているのです。

あくまでも名目上では将軍がトップなのですが、江戸時代中期においては、むしろ老中の合議に対して何人《なんぴと》も口を挟めないというかたちになっています。

つまり「話し合い絶対主義」（山本七平氏の命名）になっているのです。

こういうことに対して異を唱え、自分が権力を振るいたいと考えた将軍は何をしたかというと、その典型的な例が五代将軍綱吉です。綱吉は「側用人《そばようにん》」というものを置き、重用しています。

側用人を重用すると、権力の側にどのようなメリットがあるのでしょうか。

それは、老中が合議制で上げてきたことについて、ワンクッションおくことができるということです。

老中と将軍の間に何もないと、老中が話し合いで上げてきたことに異議を差し挟《はさ》むことは、たとえ将軍であってもできません。それは話し合いで決めたことは正しいし、うまく行くと決まっているからです。将軍は黙ってハンコを押さなければなりません。

ところが、それを側用人が取り次ぐという形にすると、側用人はそれに対して、文句をつけることができるのです。

ここがまた非常に面白いのですが、それは側用人が話し合いの結果に口を挟むわけではないのです。たとえば「この形では将軍様は裁可なさりますまい」というように、あくまでも権力者の意志を推し量った結果、というかたちで差し戻すのです。

差し戻すことさえできれば、結局、将軍は自分の思いどおりに形を変えることができるので、権力の行使が可能になります。

つまり、自分が気に入るまで、何度でも差し戻せばいいのです。

将軍が自分の意志で、「これはいやだ」と言うことはできなくても、間に側用人というワンクッションを挟み、その人間に「これでは将軍様はお嫌でしょう」と言ってもらえば、角が立たずに差し戻すことができるのです。

ですから江戸時代の将軍というのは、覇気のない人は老中の上に乗っかり、覇気のある人は側用人などを重用して、それをコントロールしようとしています。

側用人で有名な人を挙げれば、柳沢吉保、間部詮房《まなべあきふさ》、田沼意次《たぬまおきつぐ》、この三人は後に老中にもなるのですが、最初は側用人だったのです。

お気づきかもしれませんが、こうした人たちは通俗時代劇においては大抵悪役です。

なぜかというと、日本人の話し合いのメンタリティからすれば、この人たちは和を乱す人間だからです。

さらに、江戸時代の歴史というのは、そうした実力主義によって取り立てられた優秀な側用人ではなく、名門の保守的な層によって書き残されるものだからです。当然、そういう人たちの目から見れば、側用人のようなはねっ返りの和を乱す輩《やから》は「悪いヤツ」ということになりますから、好意を持って書かれるはずがないのです。

そうした徳川時代の偏見が、未だに我々の意識に投影されているとも言えるのです。

●明治憲法にも生きている「和」の精神

実は、これは明治政府にも受け継がれています。

明治憲法というのは、天皇を最高権力者にしています。軍事においても、政治においても天皇を最高権力者として規定していますが、実際の運用面はそうはなっていません。

たとえば、左翼系の学者は、「大日本帝国憲法によれば、天皇には日本の国政に関する全責任があるとしているのだから、それに従い天皇は全ての責任を負うべきだ」と、天皇の戦争責任という問題を追及しますが、その人たちが一方では、こういうことも言っています。「日本という国は、軍部の独走によって滅んだ」と。

この二つの意見は、実は矛盾していることにお気づきでしょうか。

軍部というのは、行政的に言えば内閣に属する陸軍省、海軍省であり、軍政的に言えば、最高司令官である大元帥《だいげんすい》陛下に付属する軍人であるということです。

いずれにせよ軍部というのは、どちらから捉えても主人は天皇のはずなのです。にもかかわらず「軍部の独走」と言っている。

軍部の独走というのは、天皇の言うことを聞かずに軍部が勝手に動いたということです。すでにそう言っている以上、天皇に最高権力がなかったということはわかっているはずなのです。もし本当に天皇が最高権力を持っていたならば、そもそも軍部の独走ということ自体あり得ないはずだからです。

戦前のシステムを調べてみると、天皇が自ら立ち上がって、いわゆる国政に対する命令を下したのは、基本的には二・二六事件のときの「反乱軍を鎮圧せよ」ということと、終戦のときに「もうこの戦争は止めよう」ということを決断したとき、その二回しかないのです。

それ以外は、天皇は江戸時代の将軍と同じです。天皇の場合は老中ではなく内閣ですが、内閣が話し合いによって決めて奏上してきたことに関しては、それを差し戻したりはしていないのです。

ということは、やはり天皇に独裁的権力を認めているように見える明治憲法ですら、実際には、それより下の人間の一致した話し合いに対して、天皇は最終的にハンコを押すだけというかたちで権力構造が成り立っていたことがわかるのです。

どうしてそういう構造になるのかと言えば、やはり「和」というもののメンタリティ、話し合いでものごとを決めなければいけない、だから権力は分散しなければいけないという発想が、その根本にあるのだと思います。

ちなみに、現在の日本の政治体制もかなりその影響を受けています。

内閣総理大臣というのは、かなり権力を持った存在のように見えます。

しかし、これは最近は若干修正されてはきましたが、少し前までは、国家の危機的状況に対することであっても、独断で動くということは認められていなかったのです。

内閣法という法律を見ますと、内閣総理大臣が一人で決断できることは、緊急非常の場合に際してもほとんどなく、常に閣議を招集するということになっています。

つまり極端なことを言えば、外国が攻めてきて応戦しなければというときですら、日本の内閣総理大臣は単独では決められず、閣議を招集し、みんなで話し合って決めるということになっているのです。

日本の官僚支配ということがよく言われますが、その根源はどこにあるのかと言うと、それは悪名高い「次官会議」というものに根ざしています。

次官会議というのは、各省庁の事務次官が集まって、話し合いでものごとを決めるというものです。その会議の席で、事務次官たちによって採択されたことだけが、総理を長とする国家の最高決定機関である閣議に上がってくるのです。

逆に言えば、その次官会議で省かれてしまったことは、永久に閣議で審議することはできないということです。

ここでも下の者たちが話し合いで決めたことを、上のものが裁可する、認可するという、ある意味で日本の伝統的な権力構造のかたちとなっているわけです。

つまり、江戸時代の将軍システム、戦前の大日本帝国憲法下における天皇システム、そして戦後の日本国憲法下におけるシステムには、全て共通性があり、それは結局、憲法十七条と、それを受け継いだ五箇条の御誓文の影響下にあるということなのです。

5章　〈現代〉なぜ真実が見えなくなるのか

《テーマ1》　朝鮮戦争をしかけた国はどこか

●かつて常識とされた朝鮮戦争の解釈

ここ数年、日本では教科書論争というものがあり、中国、韓国との論争が激しく続いています。

しかし一般の方の中には、何が問題なのかわからないという人もいると思います。日本の場合、特に近現代史に関して問題なのは次のようなことです。

日本はかつて太平洋戦争（大東亜戦争）を起こし、日本のみならず、周囲のアジア諸国に対して多大な迷惑をかけました。そのことは、事実として認めなければいけないかもしれません。

ただ問題なのは、その戦争を反省すると称して、歴史学者の中に事実を曲げてまで日本を悪者扱いしようとする人間がいるということです。

こういう人間を私は「反日日本人」と呼んでいます。

こうした反日日本人のインチキ学者やインチキ文化人に呼応して、韓国や中国が日本の歴史教科書に訂正を求めてくるという事態が起こってきています。

本書の冒頭で、日本の歴史学界がいかにおかしなものかということを申しましたが、実はその中で最もひどいのが、近現代史を研究している分野なのです。

全部が全部ひどいというわけではありませんが、この分野における大多数の学者は、はっきり言って、歴史学者としては評価できない人がほとんどです。

ところが、そういう人たちが、学界の権威として近現代史を牛耳っているというのが、残念ながら日本の現状なのです。

このようなことを言っても、にわかには信じられないかもしれません。

歴史というのは、真実を追究する学問です。真実というのは、その人間の思想的立場とはまったく関係ないはずのものです。イデオロギーが右であろうが左であろうが、真実は真実であって、それは曲げられないと考えるのが当然だと思います。

しかし日本の歴史学界はそうではないのです。

その最もわかりやすい例を挙げましょう。

それは朝鮮戦争に関する記述です。

一九五〇年に起こった朝鮮戦争は、今でこそどのような歴史の研究書にも、あるいは朝日新聞社が出している『朝日現代用語　知恵蔵』のような用語集にも、きっかけは北朝鮮側の侵略であり、北朝鮮が最初に南の韓国を侵し占領しようとしたのに対して国連軍が反撃したのだということが、定説として書かれています。

これが事実なのです。

ところが、それがつい四半世紀前まで、ですからそんなに昔ではありません、具体的に言えば一九七〇年代の日本の大学では、朝鮮戦争というのは、韓国とアメリカが仕組んだ陰謀で北朝鮮は被害者であるという「偽りの歴史」が堂々と教えられていたのです。

これは一部に限ったことではなく、むしろそのほうが多数派の定説だったのです。

当時、朝鮮戦争は北朝鮮の侵略だ、などと言うと、右翼か軍国主義者だというレッテルを貼られ、今では考えられないような罵倒を浴びたのです。

その時代の代表的な学者が、藤原　彰《あきら》という人です。

この人は日本近現代史の最高権威であり、一橋大学の名誉教授でもあり、多くの弟子も育てました。彼が育てた弟子たちは、現在もいろいろな大学で近現代史を教えています。

この人は、実はある意味で特異な経歴を持つ人でした。戦前の日本帝国陸軍の陸軍士官学校を卒業し、中国戦線に少尉として従軍しているのです。

つまり、彼の心情として言えば、侵略戦争に自ら荷担した人間なのです。戦後そのことに対する反省があったのでしょうか、彼は日本の悪を暴《あば》くという姿勢で、次々に論考を発表しました。

この人は最近亡くなりましたが、その功績を讃えた朝日新聞の記事には、「戦後日本の戦争責任の追及の第一人者」ということになっていました。

この人が書いた本で、一番有名なのはおそらく『南京大虐殺』という本でしょう。中国側が主張している、日本軍が当時中国の首都であった南京に侵入したときに、三〇万人もの市民を殺したということを、日本側からの証言として裏打ちしたものです。

●南京虐殺をめぐる常識の非常識

藤原氏の言い分に反論を述べる前に、まず、南京大虐殺というものの基本的な事実を確認しておきたいと思います。

当時、日本軍が入城したときの南京には二〇万人しか、市民が残っていませんでした。

ところが中国側は三〇万人殺されたと主張しています。

もし本当に三〇万人も殺されていたのならば、たとえばこのとき南京に入城した日本軍の総司令官であった、松井石根《いわね》大将が外国人記者を集めて記者会見に応じているときに、何か問題になっていたはずです。

しかも中国側は、最初は「南京大虐殺」などということは言っていませんでした。それが声高に言われるようになったのは、東京裁判においてです。

東京裁判というのは、非常に不公平な一種の復讐裁判であって、その最大の問題は事後立法による裁判だということです。裁判には、法律を後から作って人間を裁いてはいけないという大前提があります。これは近代法律学の最大原則ですが、東京裁判はその平和に対する罪、人道に対する罪というようなかたちで、事後において作られた法律で裁いているのです。

しかし、本当に人道に対する罪を問うならば、広島、長崎における原爆投下、あるいは東京大空襲のような非戦闘員を狙った大虐殺こそが責任を問われなければいけないはずです。ところが、そういう動きは一切ありませんでした。

つまり不公平な裁判なのです。

南京大虐殺という言葉は、そうした東京裁判で初めて出てきたものなのです。中国側は反日宣伝にこれを利用したのです。

反日宣伝には、ふたつの目的があります。ひとつは共産党政権に対する不満を逸《そ》らすためです。

中国は未だに共産党一党独裁の国家です。私はこれを「十九世紀の国家」と言っていますが、完全な人権も、言論の自由もありません。

しかし、唯一中国の美点を挙げるとすれば、中国人が海外に進出すること自体はとがめだてしないということです。これは国家を閉鎖している北朝鮮との大きな違いです。

ただそうなると、中国人の中に我が祖国は遅れているのではないかと不満を持つ人が出てきます。その不満を持つ人たちのガス抜きになっているのが、この「反日」なのです。

つまり、共産党に対する不満が高じてくると、それを日本はかつてこんな悪いことをしたじゃないか、その悪い日本を倒したのは我が中国共産党であるという言い方で宣伝することによって不満を逸らし、そして自分たちの体制を固めるという目的が反日宣伝にはあるのです。

もうひとつの「反日」の重大な目的は、日本から援助を引き出すことです。

実は、日本はこの二〇年間に、ＯＤＡで三兆円、さらにその他の政府援助を含めれば六兆円もの膨大な金を中国に対して援助しています。

しかし中国はそのことに対して一切感謝しようとしません。

そもそも中国の一般人民は、日本がそれだけの援助をしたことも、そのことがあったからこそ、有人宇宙船を打ち上げられるようになったのだということも、国民の大勢がインターネットに親しめるほど豊かになったのだということも、まったく知りません。

知らないばかりか、今度はそのインターネットなどを利用して、日本の非をますます鳴らすようなかたちになっているのです。

●中国の反日宣伝に迎合した日本人

大虐殺には、ひとつのパターンがあります。

これはナチスドイツのホロコーストでも、ソビエト軍がポーランド軍の中核将校を皆殺しにした「カティンの森の大虐殺」でも同じですが、人間が大量の人を殺して一番困るのは、死体の始末なのです。

死体というのは、少し放置しただけで、耐えがたい異臭を放ちます。

現在でも殺人事件が発覚するのは、そうした異臭によることが多いということは、ワイドショーなどを見ていても気がつくことです。

ですから、そうしたことを知っている人たちは、アウシュビッツのように、予《あらかじ》め死体を焼却する施設を作っておいたり、「カティンの森」のように、虐殺する当の相手に、自分の墓穴を掘らせたりしています。

中国には実は「坑」、つまり「穴埋めにする」という動詞があります。

これはどういう意味かというと、文字どおり穴を掘って捕虜を埋めて殺してしまうということです。なぜ埋めてしまうかというと、そのような多数の人間を生かしておくほどの食料はないし、ただ虐殺しただけでは異臭を放ち、耐えがたいものになり、さらには伝染病等の原因にもなってしまうので、穴に埋めてしまうのです。

もしもそういった死体処理をしなかったらどうなるかというと、実例があります。モンゴルのチンギス・ハンの「シャーリゴルゴラの大虐殺」という有名な事件がそうです。

これはチンギス・ハンが自分に逆らった都市国家を丸ごと滅ぼしてしまったというものなのですが、彼らはその後そこを退去せざるを得なくなっています。

なぜ退去せざるを得なくなったかというと、何千人も殺してしまったため、その死体の始末ができずに、ものすごい異臭を放ち、人間として耐えがたい状態になり、さしもの彼らも引きさがらざるを得なかったのです。

中国は南京大虐殺の映画も作っていますが、それを見ると中国の人民に対していきなり日本軍が機関銃を乱射しているようなシーンが出てきます。

しかし、もし本当にそういうことをしたなら、外国人記者の目に触れないわけはないし、その死体の始末をどうしたというのでしょう。

これが死体を埋めた跡だといって、人骨がざらざら出てくる穴を掘っているシーンもありますが、ああいうものだけでは、とてもではありませんが三〇万人もの死体を始末することはできません。

南京に入城した軍隊が三〇万人も虐殺して、その死体をどうしたのかということについては、きちんとした解答は未だに出ていません。

そうしたことから考えても、少なくとも三〇万人という数字は誇張に間違いないのです。私は、これは中国がよくやる「白髪三千丈《はくはつさんぜんじょう》」的なものだと思っています。

そうした中国側の反日教育、反日宣伝に迎合したのが、日本の藤原彰氏を中心とする近現代史学の人間なのです。

●中国に「義勇軍」は存在しない

藤原氏は三〇年ぐらい前には、自分の著書に堂々と「朝鮮戦争は韓国とアメリカの陰謀であり、中国が義勇軍を出して助けたのだ」という内容のことを書いていました。しかも、自分の著書だけではなく、現代史の教科書にもそう書き、なおかつ学生たちをもそれで教育していたのです。

残念ながら、そういうことの残滓《ざんし》が今の教科書にも見られます。

その中でも私が一番ひどいと思ったのは、東京書籍という出版社から出ている二〇〇三年度版の日本史の教科書です。その朝鮮戦争の記述には次のようにあります。

【1950（昭和25）年6月、北朝鮮と韓国とのあいだに戦争（朝鮮戦争）が勃発《ぼっぱつ》すると、国連は、北朝鮮の侵略であると決議し、国連軍（主力はアメリカ軍）が韓国を支援した。中国義勇軍は北朝鮮を援助し、翌1951年には北緯38度線付近で一進一退のはげしい戦いがつづけられた】

まず戦争が「勃発すると」と書いてあります。

確かにこの教科書では、他にも「勃発」という言葉を使っているところがありますが、そこではどちらが攻めたのかということをきちんと書いています。戦争というものは、いきなり勃発するものではありません。どこかの国がどこかの国に対して攻めるというかたちで起こるものです。ですから、それをまずきちんと書かなければ正しい教科書とは言えません。

しかしこの記述にはそれが明記されていません。どちらが戦争を仕掛けたのかが、ぼかされているのです。国連は北朝鮮の侵略であると決議したが、そうではないと言う人たちもいるようにも読めます。

さらに、もうひとつ問題なのは、「中国義勇軍は北朝鮮を援助し」と書いていることです。

このとき中国軍が「中国義勇軍」と名乗ったことは事実のようですが、義勇軍というのは、辞書の定義によりますと、「戦争事変に際し、有志人民が自ら組織、編成した戦闘部隊のこと」です。つまり簡単に言えば、自主的に戦争に参加した人たち、志願して戦争に参加した人たちのことを義勇軍と言うのです。

中国には基本的に義勇軍はありません。

なぜなら、中国は共産党一党独裁の国家ですから、民衆が勝手にそういうことをやれば、下手をすると反乱軍ということにされてしまうからです。

ですから中国が義勇軍と名乗ろうが名乗るまいが、それは中国が「公式に」介入したということに他ならないのです。

もちろん私が申し上げていることは、現在では学界の定説です。

当たり前のことなのですが、この当たり前のことが当たり前になるのに、なんと戦後五〇年もかかったのです。

日本の歴史学者、つまり正式な歴史教育を受け、そして歴史の専門分野で後に教育者となったり研究者となったりする人間を教えている大学教授、学者の中に、こういうインチキな学者が、それも一人ではなく、たくさんいたということを、ぜひ認識しておいていただきたいと思います。

二〇〇七年版では、東京書籍の教科書から「勃発」という単語はなくなり、「北朝鮮が38度線を突破して韓国に侵攻し」となりましたが、一方で、「義勇軍」という単語は残っています。

●藤原彰《ふじわらあきら》氏は、真実を知っていた

私は、法学部の出身なのに、なぜ日本の歴史を書くのかとよく聞かれます。ひとつには、今の歴史学者の書く歴史はおかしい、これでは本当の歴史がわからないだろうと思ったからです。

もうひとつは、このようなインチキ学者がのさばっていることで、義憤《ぎふん》に駆られたということが事実です。

念を押しておきますが、戦争は悲惨なものであって、私も好んで起こしてほしいとは思っていません。しかしいくら戦争を反省するためとはいえ、事実を曲げてまで日本民族の非を鳴らそうというのは、これは学者としては自殺行為です。

当たり前の話ですが、嘘をついてはいけないのです。これは学問の世界のみならず、一般の人間の世界においても最も基本的なことを、この人たちは守っていないということです。

念のために言うと、藤原彰氏が自分の著書に、朝鮮戦争は韓国とアメリカが仕組んだ陰謀で、北朝鮮は被害者だと書いたのは、嘘をついたのではなくそう信じていたからではないのか、情報が錯綜していて、誤解せざるを得なかったのではないのか、つまり、彼は北朝鮮に騙《だま》されていたのではないのか、と思う人もいるかもしれません。

しかしそれは、まったくの誤りです。

彼は明らかにわかっているのに、書いています。

なぜなら、これが北朝鮮の陰謀であるということは、かつてのソビエトの首相であったフルシチョフという人が回想録に書いていて、明らかになっていることだからです。

そのことが明らかになった後も藤原氏は自分の主張を改めず、韓国は悪い、アメリカの陰謀だと言いつづけてきたのです。

もうひとつ言えるのは、先ほど触れたように、藤原彰という人は、かつて陸軍士官学校を卒業して、中国戦線で戦闘した経験のある人物だということです。つまり、彼に軍事的常識がわからないはずがないのです。

朝鮮戦争に関して言えば、当時の韓国軍は戦車を持っていませんでした。一方、北朝鮮にはその数二五〇両と言われていますが、最新鋭の戦車が供給されていました。

普通、戦車のない国が、戦車のある国に奇襲攻撃をかけるなどというバカなことは、ありえません。

そればかりではなく、もし本当に韓国側が北朝鮮側を奇襲攻撃したのならば、少なくとも北朝鮮側は不意を衝《つ》かれるわけですから、緒戦においては、韓国軍が連戦連勝するはずなのです。仮に巻き返されたとしても、当初はそうなるのが当然の展開なのです。

ところが実際には、緒戦は北朝鮮が連戦連勝しているのです。

こうした点から見ても、北朝鮮のほうが被害者だということは、どう見てもあり得ない状況なのです。それでも彼は、北朝鮮は被害者だったと言っていました。いかに歴史を見る目が歪んでいるかということです。

彼は日本の近現代史の権威でした。権威というのは大勢弟子がおり、その弟子たちが未だに多数派を占めているということです。

そして残念なことに、そうした師匠の誤った説を、彼の弟子である学者たちは、未だに訂正していません。現在も彼の弟子は、大学教授、助教授など大勢いますが、そういう人たちがきちんと訂正したという話を、私は一度も聞いたことはありません。「白い巨塔」というのは、決して医学界だけの話ではないということです。

学問の真理というのは、本来多数決で決まるものではありませんが、それでも学界にそういうインチキ学者の数が多ければ、ものごとは歪んだ方向に行ってしまいます。

ですからこうしたインチキ学者に騙《だま》されないようにと、私は皆さんに声を大にして申し上げたいのです。

そして、彼らの歪みが最も的確にわかる部分が、この朝鮮半島に関する記述で、どちらがどちらを攻めたかということを、きちんと明確に書いているかどうかということなのです。

しかし、今の教科書の全てが悪いというわけではありません。たとえば三省堂の教科書には、

【南北に分断された朝鮮半島では、1950年6月、北朝鮮軍が北緯38度線を突破して韓国を攻撃した（朝鮮戦争）】

ときちんと書かれています。

こうしたきちんとした記述の教科書もあるのですから、こうしたところでチェックをして、おかしな教科書は淘汰されるように我々も心がけていくべきでしょう。

《テーマ2》ソ連の参戦をめぐる不思議な解釈

●間違いを堂々と載せる韓国の国定歴史教科書

「反日日本人」の歴史学者たちが犯した罪は、戦争を反省するのはよいとして、その結果、自分たちの忠誠の対象を、天皇から共産主義国家群に変えてしまったことです。

簡単に言えば共産主義国家のやっていることは全て正しく、資本主義国家、たとえばアメリカや韓国がやっていることは全て間違いであるというスタンスをとってきたのです。

私はこれとは別に、戦後ジャーナリズムの批判も書いていますが、その中から少し歴史に関わることを言いますと、拉致問題はなぜ起こったのかという問題が、この共産主義礼賛と関わっているのです。拉致ということ自体は、実は今から二〇年以上も前から、そういうことがあるのではないかと、一部の報道機関が報道していました。

にもかかわらず、それが国民全体の世論にならなかったのは、そんなことはあり得ない、それは韓国の陰謀だと言っている人たちが、日本の報道を歪めていたからです。

詳しくは『「拉致」事件と日本人』（祥伝社刊）をお読みいただければ、よくおわかりいただけると思います。

ここで新たに確認しておきますが、北朝鮮による「拉致」というのは、当の犯行国家である北朝鮮の最高権力者、金正日《キムジョンイル》が認めたことなのですから、これは事実なのです。

それが事実であるにもかかわらず、ここ二五年くらいは、それが本当に事実かどうかということで疑いを挟む人が大勢いたのです。それはなぜかといえば、そうした歴史教育、そして報道が歪んでいるからなのです。そのことを、ぜひ理解していただきたいと思います。

こうした人たちは、日本は常に侵略戦争をして、日本のやったことは全て悪いことだと、歴史教科書に記述します。

たとえば、韓国との問題がそうです。これは極めて重要な問題ですが、まず明らかにしておきたいのは、韓国という国は、近代以前においては清《しん》国の属国であったということです。

この「属国」というのを、彼らは「宗主国《そうしゅこく》とその周辺国」という言い方をします。

宗主国というのは、親分の国という意味であり、その周りはそれを親と慕《した》う子分の国という意味なのだから、いわゆる西洋的な属国とは違うのだと彼らは言いますが、これは明らかに間違いです。

中国、つまり当時の清は、李氏朝鮮《りしちょうせん》に対して極めて屈辱的な条約を強いています。それは、お金や女性の提供などを求めていることからも明らかです。

ですから、李氏朝鮮は中国の属国であったと言って間違いはないと思います。

では、その属国だった朝鮮半島が自主独立の国家になったのはいつかと言うと、これは日清戦争で日本が勝ち、そして清国に対して朝鮮の独立を認めさせたときからなのです。

そのときに大韓帝国が成立し、大韓帝国の首長が皇帝を名乗るようになったのです。

これは重要なことです。中国の属国である限り、その臣下の首長は「王」であって、決して「皇帝」にはなれません。大韓帝国の王が皇帝を名乗れるようになったのは、清国から独立できたことを意味しているのです。そして、それを可能にしたのは日本の「貢献」なのです。

にもかかわらず、韓国の教科書にはそのことは書かれていないのです。

韓国人は非常に誇り高い国民であるが故に、自分たちの国がかつて中国の属国であったという事実を認めません。

だからこそ、明らかにその独立を奪ったのは日本である、ずっと自主独立の国であった韓国を日本だけが侵略したのだという言い方をするのです。

しかし、これは明白な「嘘」です。

嘘にもかかわらず、韓国の国定教科書にはそのように書かれています。そのため多くの韓国人はそれを信じ込み、そして日本に対して教科書を訂正するようにと求めてくるのです。

ですからこれは、まったく応じる必要のないことなのです。それどころか、むしろ我々が韓国の歴史教科書の間違いを指摘しなければいけないことなのです。

しかしながら多くの政治家、ジャーナリストは、韓国に対してそういうことはすべきではないという誤った考えを持っています。でもそれは、韓国人自身が自分の国の歴史に対して真実を知る機会を阻害しているということなのです。

相手が真実を知る機会を奪うようなことを、我々がしてはいけません。

そのためにも、まず我々が正しい歴史を知ることが大切なのです。

●中国残留日本人孤児は、なぜ発生したか

我々は、たとえそれがどれほど善意の思いから出たものであれ、真実を歪めるものであれば、認めてはいけないということを、心に刻んでおかなければなりません。

昭和二十年八月、日本が降伏する寸前に、当時のソビエト連邦（現ロシア）は、日ソ中立条約を一方的に破り、日本に侵入してきました。

中国残留日本人孤児が発生したのは、これが原因なのです。つまり日本が、ソ連とは中立条約を結んでいるから攻めてこないと安心していたところを、不意打ちを食ったため、大陸にいた多くの日本人が着の身着のままで逃げ出し、子供さえも捨てざるを得なかったというのが事実なのです。ところが、今の日本では、そうしたソビエトの条約破りが中国残留孤児という悲劇を発生させたのだということすら、知る人は少なくなってきています。

それは教科書にそう書いていないからです。これも先ほど申し上げた朝鮮戦争の記述と同じで、その教科書が本当に歴史の事実を記そうとしているのか、それともイデオロギーの誤った影響を受けて事実を曲げようとしているかをチェックする最も良い指標になるものです。

　真実は、ソビエトが条約を破って日本に対し攻めてきて、多くの日本人を虐殺したり虐待したということです。そのことがどの程度きちんと書かれているのか、お手元に教科書がある人は、それを一度チェックしてみるとよいと思います。

　ちなみに三省堂の教科書では、【8日にソ連が日本に宣戦布告してポツダム宣言にくわわると、アメリカは9日に長崎に原爆を投下して、およそ7万人の命を奪った】という表現でしか書かれていません。

　一方、東京書籍の教科書では、【8日にはソ連が有効期間内であった日ソ中立条約を無視して日本に宣戦布告し、ポツダム宣言に加わった】とあります。

　東京書籍の二〇〇四年版には、さらに注として、【ソ連の突然の参戦に対し、満州の関東軍がいち早く退却したために、日本人移民や在留者の多くがとり残されて、悲惨な逃避行を強いられた。その際、中国に残された日本人の子ども(「中国残留孤児」)のなかには、現在も日本の肉親をさがしたり、日本への帰国を希望する人が少なくない。また、ソ連はこのとき、日本軍人など57万人以上を捕らえて、シベリアなどに抑留し、過酷な強制労働に使役した】とありました。(二〇〇七年版からはなぜか消えていますが……)

　この記述において私が唯一不満を感じるのは、「条約破り」ということが明記していないということですが、その他のことについては真実が過不足なく書かれていると言っていいでしょう。しかし前者の三省堂の教科書では欄外に、【日本軍兵士など、約60万人がソ連の捕虜となり、不法に強制連行されて、ソ連やモンゴルなどの収容所に抑留された】とは書いてあるのですが、多くの残留孤児の原因がそれであるということは、書き落としたのか、伏せられたのかわかりませんが、載っていません。

一方、清水書院の教科書では、【ソ連もヤルタ条項にもとづいて、日ソ中立条約を無視し、予定を早めて8日に対日参戦し、満州へ侵入した】ということがきちんと書かれています。

近現代史の場合には、イデオロギーによって事実を無視した暴論がまかりとおっているというのが大きな問題です。私たちは常に心して、〃一流〃といわれている学者の記述であっても、疑ってかかるということを忘れてはいけないでしょう。

以上、駆足で日本史の流れを見てきましたが、より詳しく知りたいかたは拙著『逆説の日本史』(小学館、現在14巻まで刊行中)をお読み下さい。ただし、この本の一〇倍以上の量がありますが——。

終章　歴史から何を学ぶか

●日本で改革が進まない理由

今の日本はさまざまな問題が取り上げられています。

たとえば、改革という言葉が非常に声高に叫ばれていますが、遅々として進みません。よく日本人はリーダーシップに欠けていると言われますが、それはそのとおりです。

では、なぜ日本人はリーダーシップに欠けるのでしょうか。

リーダーシップというものを分析すると、結局それは一人の優れた指導者に全権を集中し、残りの人間がそれについていくという形が基本であることがわかります。つまりリーダーシップというのは、言葉を換えれば、独断、一人で決めるということなのです。

こう言えばもうおわかりだと思いますが、日本人というのは、長い間大勢で話し合って決めるということを基本コンセプトにしてやってきたので、こうしたことに非常に強い違和感を覚えるのです。

だから改革というものが、ぎりぎりになるまで進まないのです。

織田信長の行なった改革にしても、織田信長が出現する前に誰かが手をつけていてもよさそうなものなのですが、結局、信長という日本人の枠からかなり外れた独断専行の英雄が出てこない限り、ものごとは進まなかったのです。

その信長ですら、まだ小国の領主だったころは、次のようなことをやっていたと歴史書に載っています。

それはどういうことかというと、あることをしようとした場合、それを自分の決断として、一方的に押し付けるのではなく、まず重立《おもだ》った者を集めて意見を聞くのです。そこで全ての人に意見を言わせた後、その中から、自分の意見に最も近いものを「おまえの意見を採用する」という形で選び実行したというのです。

つまり、ここでの会議は一種の儀式なのです。最初から彼は話し合いでものごとを決めようという意識はなく、方針はすでに決まっているのです。

しかし、その決まっている方針を、いきなり俺が決めたんだからこうしろと言うと、信長のようなカリスマ的指導者の言葉であっても反発されてしまうので、部下の重立った者を集めて、意見を言わせたのです。

ですからこれは、厳密に言うと意見開陳《かいちん》であって話し合いではないのですが、意見を言うことによって、なんとなく話し合ったような錯覚が起こります。そこで「おまえの意見にする」という形で自分の意見に一番近いものを選べば、形の上ではみんなで決めたということになるというわけです。

ちなみに、このときに信長の心中を推し量って、最も信長の意見に近いことを常に言っていたのが豊臣秀吉だったと言われています。

秀吉の出世というのは、そういうところも影響していたのでしょう。

要するに、独断専行型の英雄である信長ですら、まだ基礎が固まらない時期には「話し合い」を尊重しなければ大変だったということです。

ちなみにこういうことを我々は「根回し」と呼んでいます。

●九人が賛成しても一人が反対したら何も決まらない日本社会

何かものごとを行なう場合、独断で行なったというかたちをできるだけ避けるために、日本人は限りなく話し合いに近いかたちをとろうとします。

そのひとつの方法として、日本には「稟議書《りんぎしょ》」というのがあります。

日本の社会、組織、特にお役所には必ず稟議書というものがあり、非常に多く使われています。これを見たことがないという人は、実は幸いなことで、会社勤めや役所勤めをしたことがない人でも、何らかの組織に属したことのある人なら、一度は稟議書というものを目にしたことがあるのではないかと思います。

稟議書には、まず稟議すべき案件が書かれています。

例は何でもいいのですが、たとえば井沢元彦の本をこれから出すべきか出さざるべきかということが書かれた稟議書があったとしましょう。

それに対して担当者、その所属の直接の上司である係長、課長、部長、局長、専務、社長など全てがハンコを押すと、ここに書いてある案件が実行されるというのが稟議書です。

こういうことをするのを、日本の社会では「稟議を回す」と言います。

しかし、なぜこんなものがあるのでしょうか。

考えてみてください。会社というのは、社長が何もかも一人でやるわけには行かないから、いろいろな分野に対してさまざまな部門を設け、その部門のセクションの担当者に権限を委任しているのです。

この本を出すことが出版部長の権限であるなら、出版部長が井沢元彦の本を出すことに決めましたと言って、上司には報告し、部下には命令すればそれでよいはずなのです。ところがそれをやると、日本では「ワンマン部長」と言われ評判を落としてしまいます。

ワンマン部長と呼ばれることがなぜ「悪」なのかといえば、それは憲法十七条に違反しているからです。つまり一人で決めているからです。

そう考えていくと、稟議書というものが存在する理由がわかります。

確かに、組織の中で細かい議案まで一々話し合いの席を設けていたのでは、体がいくつあっても足りません。そこで、稟議書を回すことによって、話し合いのようなかたちを作り出しているのです。

また稟議書なき稟議というのが根回しであり、この稟議的考え方こそが、日本人が民主主義と呼んでいるものの本当の姿なのです。

もちろん、これには西洋流の民主主義と違うところが多々あります。

まず第一に、決定のスピードが遅いということです。民主主義というのは一見するとスピードの遅い制度に見えますが、決してそうではありません。というのは、普通の案件ならば多数決で決定することができるからです。多数決ということは、一〇〇人いた場合、五一対四九で決められるということです。

憲法改正のような非常に重要なことでも、三分の二が賛成すればいいのですから、六七人賛成すれば、残りの三三人がどれほど反対してもものごとは決まります。

この比率は三人に一人ですから、三人に一人が絶対いやだと言っていても、ものごとは決まるということです。

しかし日本の現状はそうではありません。日本の全人口からいえば、ほんのわずかな人たちが文句を言っただけでも、ものごとは進みません。

これは稟議書にたとえるとよくわかります。

稟議書を一〇人の人に回す場合、一人でも臍《へそ》を曲げてハンコを押さなければ、残りの九人がハンコを押していても、その稟議書は通りません。つまり九人が賛成していても、一人が反対したらものごとは決まらないということです。

これが日本の社会です。

そのため、ものごとの決定のスピードは、特に改革のスピードは、少数の反対者がいるだけで、ずいぶんと遅れてしまうのです。

●和の世界では、海外との競争に勝てない

第二点は、ものごとを行なうときに、全て話し合いというかたちを取っているため、責任が分散してしまうということです。

本当の意味での責任者が誰だかわからないのです。結局みんながハンコを押していると

いうことは、みんなの責任なのです。みんなの責任ということは、結局誰も責任を取らないということです。

これは日本が超無責任社会になることを暗示しています。

そういえば、第二次世界大戦が終わったときに、国民的スローガンとして「一億総懺《ざん》悔《げ》」という言葉が使われました。

一億総懺悔というのは、戦争に関しては国民全員に責任があるんだから、みんなで謝ろうということです。これはまさに稟議書的発想です。

しかしこういうことをやっている限り、本当に悪いヤツが誰なのか、誰がより悪いのかということは、なかなか決定できません。

そこで最近の日本では、こうした稟議書社会の欠点を補うために、特に外国と最先端のビジネス戦争をしているビジネス業界では、CEO、つまり経営最高責任者という制度ができています。

CEOというのは独裁者です。これまでの日本の制度にはなかったものです。ソニーや日産といった先端を行く企業、あるいは建て直しに成功した企業は、こうした人たちがいることが多くなっています。

つまり、これまでの日本人のメンタリティではどうしてもカバーしきれない部分を、外国の文化の形を取り入れることによってカバーしているのだと言えるのだと思います。

実は、私が今、日本人の最大の問題点と考えているところも、そこのところです。日本人のメンタリティからいえば、独裁的なリーダーはどうしても嫌われる。しかし今の日本を、諸外国との競争に負けないような強い国家に建て直すには、やはりリーダーシップを持ったリーダーが必要なのです。

この矛盾、この意識の差をどうやって克服していくのか、ということです。

日本人にとって「和」の世界が一番落ち着くというのは事実です。しかし和の世界にいたのでは、海外との競争には勝てません。しかし、いまさら鎖国をするわけにはいかないのです。

●日本人のメンタリティ改造のために

日本は、ある意味メンタリティを国内向けと国外向けに使い分けなければいけない、という時期に差し掛かっているのだと思います。

日本では自己主張するのは、わがままだという捉え方をされ、悪いことだとされます。

しかし海外では自己主張しなければ、一日もやっていけません。

これは中国であろうと、アメリカであろうと同じです。自己主張のない人間は、何ごともこちらの言うことに従うものだとみなされます。ですから、教科書問題等で韓国や中国がガンガン文句を言ってきますが、日本はそれに対して反論しなければいけないのです。反論しないと、「我々の言っていることを認めているんだ」と彼らは思います。

そしてこれは日本以外の民族にすべて共通することですが、相手の反応を見るためにわざわざ過激なことを言ったり、あるいは本当はそう思っていないんだけれど、おまえは悪いとか、おまえは悪だという言い方をすることすら、彼らにはあるのです。

日本人は「和」としてのメンタリティを持っているため、どうしても相手との協調性を保とうとする方向に心が働きます。その結果、相手の言うことを少しは取り入れて、自分の原理と調和させようとします。

しかしそれをやればやるほど、一方的にものごとを言い募《つの》ってくる民族には負けてしまうのです。それが現実です。

ですから我々は、これを何とかしなければいけないのです。そのためにはやはり歴史というものを振り返って、日本人のメンタリティをある意味で改造しなければならないのだと思うのです。

本書でも取り上げたように、アメリカ人は最初、日本人に対して下手に出ました。しかしそれが通用しないと見るや高飛車に出てそして成功しました。日本人はそこで自己主張しなかったものだから、彼らは今でもそうすることが正しいと考えている節があります。そうしたことを打破していくためには、やはり歴史というものの真実の姿を見極めなくてはいけないのだと思います。

このごろ、私はよくそういうことを考えるのです。

〈参考資料〉聖徳太子・憲法十七条　読み下し全文　（『日本書紀』岩波文庫）

一《ひとつ》に曰《い》はく、和《やわら》ぐを以て貴《たふと》しとし、忤《さか》ふること無《な》きを宗《むね》とせよ。人皆《ひとみな》党有《たむらあ》り。亦達《またさと》る者少《ものすくな》し。是《ここ》を以て、或《ある》いは君父《きみかぞ》に順《したが》はず。乍隣里《またさととなり》に違《たが》ふ。然《しか》れども、上和《かみやわら》ぎ下睦《しもむつ》びて、事《こと》を論《あげつら》ふに諧《かな》ふときは、事理自《ことおの》づからに通《かよ》ふ。何事《なにごと》か成《な》らざらむ。

二《ふたつ》に曰はく、篤《あつ》く三宝《さむぼう》を敬《ゐやま》へ。三宝とは仏《ほとけ》・法《のり》・僧《ほふし》なり。則《すなは》ち四生《よつのうまれ》の終帰《をはりのよりどころ》、万《よろづ》の国《くに》の極宗《きはめのむね》なり。何《いづれ》の世《よ》、何《いづれ》の人《ひと》か、是《こ》の法《みのり》を貴《たふと》びずあらむ。人、尤《はなはだ》悪《あ》しきもの鮮《すくな》し。能《よ》く教《をし》ふるをもて従《したが》ふ。其《そ》れ三宝《さむぼう》に帰《よ》りまつらずは、何《なに》を以《も》てか枉《まが》れるを直《ただ》さむ。

三《みつ》に曰《い》はく、詔《みことのり》を承《うけたまは》りては必《かなら》ず謹《つつし》め。君《きみ》をば天《あめ》とす。臣《やつこらま》をば地《つち》とす。天は覆《おほ》い地《つち》は載《の》す。四時《よつのとき》順《したが》ひ行《おこな》ひて、万気《よろづのしるし》通《かよ》ふこと得《う》。地《つち》、天《あめ》を覆《おほ》はむとするときは、壊《やぶ》るることを致《いた》さむ。是《ここ》を以《も》て、君《きみ》言《の》たまふことをば臣《やつこらま》承《うけたまは》る。上《かみ》行《おこな》ふときは下《しも》靡《なび》く。故《かれ》、詔《みことのり》を承りては必《かなら》ず慎《つつし》め。謹《つつし》まずは自《おの》づから敗《やぶ》れなむ。

四《よつ》に曰はく、群卿百寮《まへつきみたちつかさつかさ》、礼《ゐやび》を以て、本《もと》とせよ。其《そ》れ民《おほみたから》を治《をさ》むるが本《もと》、要《かなら》ず礼《ゐやび》に在《あ》り。上礼《ゐやび》なきときは、下斉《ととのほ》らず。下礼無《ゐやびな》きときは、必ず罪《つみ》有り。是を以て、群臣礼有《まへつきみたちゐやびあ》るときは、位《くらゐ》の次乱《ついでみだ》れず。百姓《おほみたから》礼《ゐやび》有るときは、国家《あめのした》自《おの》づから治《をさま》る。

五《いつつ》に曰はく、饗《あぢはひのむさぼり》を絶《た》ち欲《たからのほしみ》することを棄《す》てて、明《あきらか》に訴訟《うたへ》を弁《さだ》めよ。其れ百姓《おほみたから》の訟《うたへ》、一日《ひとひ》に千事《ちわざ》あり。一日すら尚爾《なおしか》るを、況《いはむ》や歳《とし》を累《かさ》ねてをや。頃《このごろ》訟《うたへ》を治《をさ》むる者《ひとども》、利《くほさ》を得《え》て常《つね》とし、賄《まひなひ》を見《み》ては讞《ことわりまう》すを聴《き》く。便《すなわ》ち財《たから》有るものが訟《うたへ》は、石《いし》をもて水《みづ》に投《な》ぐるが如《ごと》し。乏《とも》しき者《ひと》の訴《うたへ》は、水をもて石に投ぐるに似《に》たり。是を以て貧《まづ》しき民《おほみたから》は、所由《せむすべ》を知《し》らず。臣《やつこらま》の道亦焉《みちまたここ》に闕《か》けぬ。

六《むっ》に曰はく、悪《あしきこと》を懲《こら》し善《ほまれ》を勧《すす》むるは、古《いにしへ》の良《よ》き典《のり》なり。是を以て人の善《ほまれ》を匿《かく》すこと無《な》く、悪《あしきこと》を見ては必《かなら》ず匡《ただ》せ。其《そ》れ諂《へつら》ひ詐《あざむ》く者《もの》は、国家《あめのした》を覆《くつがへ》す利《と》き器《うつはもの》なり、人民《おほみたから》を絶《た》つ鋒《と》き剣《つるぎ》なり。亦佞《またかだ》み媚《こ》ぶる者、上《かみ》に対《むか》ひては好《この》みて下《しも》の過《あやまり》を説《と》き、下に逢《あ》ひては上の失《あやまち》を誹《そ》謗《し》る。其れ如此《これら》の人《ひと》、皆君《みなきみ》に忠《いさおし》无《な》く、民《おほみたから》に仁《めぐみ》无し。是《これ》大きなる乱《みだれ》の本《もと》なり。

七《ななつ》に曰《い》はく、人各《おのおの》任《よさし》有り。掌《つかさど》ること濫《みだ》れざるべし。其れ賢哲《さかしひと》官《つかさ》に任《よさ》すときは、頌《ほ》むる音《こゑ》則《すなわ》ち起《おこ》る。奸《かだま》しき者官《ひとつかさ》を有《たも》つときは、禍乱《わざわひみだれ》則《すなわ》ち繁《しげ》し。世《よ》に生《うま》れながら知《し》るひと少《すくな》し。剋《よ》く念《おも》ひて聖《ひじり》と作《な》る。事に大きなり少《いささけ》き無《な》く、人を得《え》て必《かなら》ず治《をさま》らむ。時《とき》に急《と》き緩《おそ》きこと無し。賢《さかしひと》に遇《あ》ひて自《おの》づからに寛《ゆるるか》なり。此《これ》に因《よ》りて国家永久《あめのしたとこめづら》にして、社稷危《くにあやふ》からず。故《かれ》、古《いにしへ》の聖王《ひじりのきみ》、官《つかさ》の為《ため》に人を求《もと》めて、人の為に官を求めず。

八《やつ》に曰はく、群卿百寮《まへつきみたちつかさつかさ》、早《はや》く朝《まゐ》りて晏《おそ》く退《まか》でよ。公事《おほやけのわざ》盬靡《いとな》し。終日《ひねもす》に尽《つく》し難《がた》し。是《ここ》を以《も》て、遅《おそ》く朝《まゐ》るときは急《すむやけ》きに逮《およ》ばず。早く退《まか》づるときは必《かなら》ず事《わざ》尽《つ》きず。

九《ここのつ》に曰はく、信《まこと》は是義《ことわり》の本《もと》なり。事毎《ことごと》に信有《あ》るべし。其《そ》れ善悪《よさあしさ》成敗《なりならぬこと》、要《かなら》ず信《まこと》に在《あ》り。群臣《まへつきみたちとも》共に信《まこと》あらば、何事《なにごと》か成《な》らざらむ。群臣《まへつきみ》信无《まことな》くは、万《よろず》の事《わざ》悉《ことごとく》に敗《やぶ》れむ。

十《とお》に曰はく、忿《こころのいかり》を絶《た》ち、瞋《おもへりのいかり》を棄《す》て、人の違《たが》ふことを怒《いか》らざれ。人皆心有《みなこころあ》り。心各《おのおの》執《と》れること有り。彼是《かれよみ》すれば我《われ》は非《あしみ》す。我是《われよみ》すれば彼《かれ》は非《あしみ》す。我必《かなら》ず聖《ひじり》に非《あら》ず。彼必ず愚《おろか》に非ず。共《とも》に是凡夫《これただひと》ならくのみ。是《よ》く非《あし》き理《ことわり》、詎《たれ》か能《よ》く定《さだ》むべけむ。相共《あひとも》に賢《かしこ》く愚かなること、鐶《みみかね》の端《はし》无《な》きが如《ごと》し。是《こ》を以《も》て、彼人瞋《かれひといか》ると雖《いふと》も、還《かえ》りて我が失《あやまち》を恐《おそ》れよ。我独《ひと》り得《え》たりと雖も、衆《もろもろ》に従《したが》ひて同《おな》じく挙《おこな》へ。

十一《とおあまりひとつ》に曰《い》はく、功過《いさみあやまり》を明《あきらか》に察《み》て、賞《たまひもの》し罰《つみな》ふること必ず当《あ》てよ。日者《ひごろ》、賞《たまひもの》は功《いさみ》に在《お》きてせず。罰《つみなへ》は罪《つみ》に在《お》きてせず。事を執《と》れる群卿《まへつきみたち》、賞《たまひもの》し罰《つみな》ふることを明《あきら》むべし。

十二《とおあまりふたつ》に曰はく、国司《くにのみこともち》・国造《くにのみやつこ》、百姓《おほみたから》に斂《をさめと》らざれ。国《くに》に二《ふたり》の君非《きみあら》ず。民《おほみたから》に両《ふたり》の主無《あるじな》し。率土《くにのうち》の兆民《おほみたから》は、王《きみ》を以て主《あるじ》とす。所任《よさせ》る官司《つかさみこともち》は、皆《みな》是王の臣《やつこらま》なり。何《いか》にぞ敢《あ》へて公《おほやけ》と、百姓に賦斂《をさめと》らむ。

十三《とおあまりみつ》に曰はく、諸《もろもろ》の官に任《よさ》せる者《ひと》、同じく職掌《つかさこと》を知《し》れ。或《ある》いは病《やまひ》し或いは使《つかひ》として、事《こと》を闕《おこた》ること有り。然《しか》れども知ること得る日には、和《あまな》ふこと曾《むかし》より識《し》れる如《ごと》くにせよ。其《そ》れ与《あづか》り聞《き》かずといふを以て、公の務《まつりごと》を妨《さまた》げそ。

十四《とおあまりよつ》に曰はく、群臣《まへつきみたち》百寮《つかさつかさ》、嫉《うらや》み妬《ねた》むこと有ること無《なか》れ。我既《すで》に人を嫉《うらや》むときは、人亦《また》我を嫉む。嫉み妬む患《うれへ》、其の極《きはまり》を知らず。所以《このゆゑ》に、智《さとり》己《おのれ》に勝《まさ》るときは悦《よろこ》びず。才《かど》己に優《まさ》るときは嫉妬《ねた》む。是を以て、五百《いほとせ》にして乃今《いましいま》賢《さかしひと》に遇《あ》ふ。千載《ちとせ》にして一《ひとり》の聖《ひじり》を待つこと難《がた》し。其《そ》れ賢聖《さかしひとひじり》を得《え》ずは、何を以《も》てか国《くに》を治《おさ》めむ。

十五《とおあまりいつつ》に曰《い》はく、私《わたくし》を背《そむ》きて公《おほやけ》に向くは、是臣《これやつこらま》が道《みち》なり。凡《すべ》て人私有《あ》るときは、必《かなら》ず恨《うらみ》有り。憾有《うらみあ》るときは必《かなら》ず同《ととのほ》らず。同《おなじか》らざるときは私《わたくし》を以《も》て公《おほやけ》を妨《さまた》ぐ。憾起《うらみおこ》るときは制《ことわり》に違《たが》ひ法《のり》を害《やぶ》る。故《かれ》、初《はじめ》の章《くだり》に云へらく、上下和《かみしもあまな》ひ諧《ととのほ》れ、といへるは、其《そ》れ亦是《またこ》の情《こころ》なるかな。

十六《とおあまりむつ》に曰はく、民《おほみたから》を使《つか》ふに時《とき》を以《も》てするは、古《いにしへ》の良《よ》き典《のり》なり。故、冬《ふゆ》の月《つき》に間《いとま》有らば、以て民を使ふべし。春《はる》より秋《あき》に至《いた》るまでに、農桑《なりはひこかひ》の節《とき》なり。民《おほみたから》を使《つか》ふべからず。其《そ》れ農《なりはひ》せずは何《なに》をか食《くら》はむ。桑《こかひ》せずは何をか服《き》む。

十七《とおあまりななつ》に曰はく、夫《そ》れ事《こと》独《ひと》り断《さだ》むべからず。必《かなら》ず衆《もろもろ》と論《あげつら》ふべし。少《いささけ》き事は是軽《これかろ》し。必ずしも衆とすべからず。唯大《ただおほ》きなる事を論ふに逮《およ》びては、若《も》しは失《あやまり》有ることを疑《うたが》ふ。故《かれ》、衆と相弁《あひわきま》ふるときは、辞《こと》則《すなわ》ち理《ことわり》を得《う》。

（この作品『日本史集中講義』は、平成十六年六月、
小社ノン・ブックから愛蔵版で刊行されたものです）

切り取り線

一〇〇字書評

日本史集中講義

購買動機（新聞、雑誌名を記入するか、あるいは○をつけてください）

- □（　　　　　　　　）の広告を見て
- □（　　　　　　　　）の書評を見て
- □ 知人のすすめで
- □ タイトルに惹かれて
- □ カバーがよかったから
- □ 内容が面白そうだから
- □ 好きな作家だから
- □ 好きな分野の本だから

●最近、最も感銘を受けた作品名をお書きください

●あなたのお好きな作家名をお書きください

●その他、ご要望がありましたらお書きください

住所	〒				
氏名		職業		年齢	
新刊情報等のパソコンメール配信を 希望する・しない		Eメール	※携帯には配信できません		

あなたにお願い

この本の感想を、編集部までお寄せいただけたらありがたく存じます。今後の企画の参考にさせていただきます。Eメールでも結構です。

いただいた「一〇〇字書評」は、新聞・雑誌等に紹介させていただくことがあります。その場合はお礼として特製図書カードを差し上げます。

前ページの原稿用紙に書評をお書きの上、切り取り、左記までお送り下さい。宛先の住所は不要です。

なお、ご記入いただいたお名前、ご住所等は、書評紹介の事前了解、謝礼のお届けのためだけに利用し、そのほかの目的のために利用することはありません。

〒一〇一‐八七〇一
祥伝社黄金文庫編集長　萩原貞臣
☎〇三（三二六五）二〇八〇
ohgon@shodensha.co.jp

祥伝社ホームページからも、書けるようになりました。
http://www.shodensha.co.jp/

祥伝社黄金文庫

祥伝社黄金文庫　創刊のことば

「小さくとも輝く知性」――祥伝社黄金文庫はいつの時代にあっても、きらりと光る個性を主張していきます。

真に人間的な価値とは何か、を求めるノン・ブックシリーズの子どもとしてスタートした祥伝社文庫ノンフィクションは、創刊15年を機に、祥伝社黄金文庫として新たな出発をいたします。「豊かで深い知恵と勇気」「大いなる人生の楽しみ」を追求するのが新シリーズの目的です。小さい身なりでも堂々と前進していきます。

黄金文庫をご愛読いただき、ご意見ご希望を編集部までお寄せくださいますよう、お願いいたします。

平成12年(2000年) 2月1日　　祥伝社黄金文庫　編集部

点《てん》と点《てん》が線《せん》になる　日本史《にほんし》集中講義《しゅうちゅうこうぎ》

平成19年6月20日　初版第1刷発行
平成20年1月25日　第8刷発行

著　者　井《い》沢《ざわ》元《もと》彦《ひこ》
発行者　深澤健一
発行所　祥《しよう》伝《でん》社《しや》
東京都千代田区神田神保町 3-6-5
九段尚学ビル　〒101-8701
☎03(3265)2081(販売部)
☎03(3265)2080(編集部)
☎03(3265)3622(業務部)
印刷所　堀内印刷
製本所　ナショナル製本

ISBN978-4-396-31432-3 C0195

祥伝社のホームページ・http://www.shodensha.co.jp/